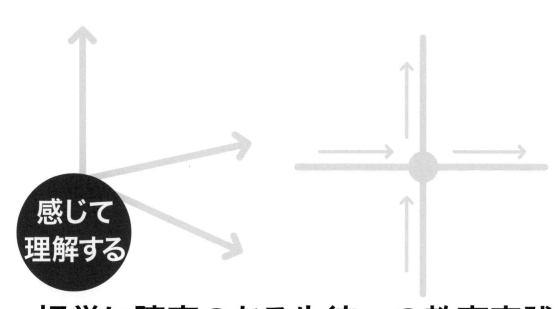

感じて理解する

視覚に障害のある生徒への教育実践

中学・高校物理の学びに役立つ実験集

著　石﨑 喜治

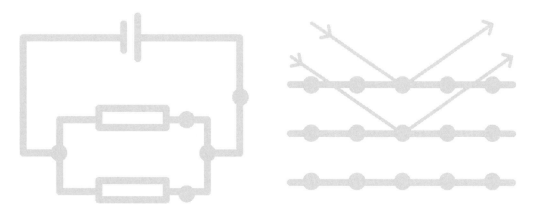

まえがき

　生徒たちが観察や実験を伴う授業に生き生きと参加し，生じる現象を自ら観察し気づきを得るには，教材と授業の進め方の両面の工夫が必要である。これらの工夫による授業の成果が如実に現れる教育現場の一つが盲学校である。盲学校の物理の教員として，35年間勤務した筆者は，実感としてそう思うのである。盲学校の理科の授業で有効な手法の多くは，通常の学校の理科の授業においても大いに役立つと考えている。

　あるとき，私のところに通常校の物理の先生が訪ねてきた。生徒にわかりやすい実験器具をいくつも工夫されている教育熱心な先生である。その先生は私の教材を見てショックを受けたと話した。工夫の視点がきめ細かく，見逃していた工夫があると。そして，視覚以外の感覚も活用すると印象深い観察ができるんですね，と言った。さらに，通常の学校でも参考になるものが多いと話し，通常校の（物理の）先生も一度は見に来て欲しい，必ず役立つと話を続けた。

　工夫の具体例を一つ紹介しよう。浮力の実験を取り上げる。通常，浮力の実験は，物体を吊り下げられたばねばかりを手に持ち，その手を下げて，物体を容器の中の水に浸していく。視覚に障害のある生徒にとって，この操作は困難を伴う。しかも，物体が水の中にすべて入っていることを確認し，容器の底に触れていないことを確認しなければならない。さらに，ふらつくばねばかりの目盛りを読み取るとなると大ごとになる。もちろん目盛りは凹凸にしてあり，点字使用の生徒も触って読み取れるようにしてある。こうなると，実験の操作そのものに専念せざるを得えなくなり，自然現象を観察することに集中できなくなる。浮力の実験の本質を学ぶには程遠い状況に陥るのである。

　この問題を解決するために，まず，ばねばかりを実験スタンドに固定した。さらに，水の入った容器をラボラトリージャッキに載せて真上に移動させ，ばねばかりに吊り下げられた物体に水面が迫っていくようにした。容器の水の中に物体を完全に沈められるように容器に十分水を入れて，物体の上の面が水に浸った直後（触ってわかる）にラボラトリージャッキを止める。この状態でばねばかりの目盛りをゆっくり読み取れば良い。ばねばかりは固定されてあるから，目盛りを読み取るのが容易になる。このように，操作は非常に単純になる。しかも，吊り下げる物体に，水よりわずかに大きい密度で，体積も大きな大型ゴム栓を使い，よく使われている2Nのばねばかりを用いると，浮力の効果による指針の動く範囲は大きくなる。このように浮力の効果が顕著になる（本書の78 – 79 ページに掲載している）。

　この実験方法は，実は晴眼の生徒にとっても浮力の効果を実感できるものになっている。ばねばかりが固定してあるので，ばねばかりの指針の動きがそのまま浮力の効果と

して現れる。さらに指針が動く範囲は大きくなるので，浮力の効果を実感できる。しかも，生徒が意識していなくても，物体が水に入っていく途中経過の指針の動きがよくわかる。物体が水に入っていくとき，指針は上に動くので浮力が大きくなるのがわかる。物体がすべて水の中に入ってからは，物体がさらに沈んでも，指針は全く動かず浮力は変わらないのがわかる。このように，視覚に障害のある生徒のために工夫した器具が，実は晴眼の生徒の理科の実験にも役立つのである。

　本書は，筆者が盲学校の生徒のために工夫した器具，あるいは，通常校の先生から教えていただいた盲学校においても役立つ器具を通常校の理科の先生に紹介することを目的としている。製作を伴う器具は，製作方法についても詳しく示してある。

　冒頭で述べたもう一つの工夫，授業の進め方は，最も工夫が必要な授業の一つ，電気回路の最初の授業を取り上げれば，工夫の視点が十分わかると考え，「付録1　電気回路の最初の授業」に示した。この最初の授業には，生徒たちが観察や実験を伴う授業に生き生きと参加し，生じる現象を自ら観察し気づきを得る工夫が詰まっている。初めて使う器具を見よう見まねで使い方を知ることができない生徒たちが，初めて使う器具をその授業中に使いこなすための工夫もある。この工夫は，晴眼の生徒を対象にした授業の進め方の工夫にも必ず役立つと思う。

　本書が理科の先生方の授業に役立てば無上の喜びである。

　なお，本書で紹介する実験は，筆者が授業で行っていたうちの一部である。また，光の実験は盲学校においても可能であるが，光センサーを使う特殊な実験方法になるので，本書では取り上げていないことをお断りしておく。

令和4年8月　石﨑 喜治

目　次

高等部

【力　学】

I　音を頼りにした落下運動

II　無線式スイッチと電磁石を使った実験

中学部

I 音[1]

音は振動現象なので，音を出している物体にも直に触れて欲しい。視覚，聴覚，触覚といった感覚を総動員して観察して欲しい。視覚に頼りすぎてはいけない。他の感覚が鈍感になる。ときには，目を閉じて視覚以外の感覚を研ぎ澄ませることも必要である。

筆者の音の授業は，聞くだけでなく触れることにもこだわった観察や実験を行っていた。その一部を紹介する。

1 音源の振動

音を出している物体は，必ず振動していることを触って確認する。ゆっくり振動しているか，素早く振動しているか。振動の振れ幅が小さいか，大きいか。このような振動を感じているときに，音が低いか，高いか，小さいか，大きいか。聴覚と触覚で観察する。

単純で素朴な実験なので，素直に聞き入れる年頃に，この観察を行うと教育成果が大きい。中学1年生の早い時期に行うと良い。

1-1 のどの振動の観察

最も身近な音源は，のど（声帯）である。のどの観察は，何の準備もなしにすぐに生徒全員ができる。

用意するもの なし

観察方法

（1） 図I-1のように，のどに手をそっと当てる。
（2） 低い声を小さく出す。続いて同じ低さの声を大きく出す。のどの震え方の違いを観察する。
（3） 高い声を小さく出す。続いて同じ高さの声を大きく出す。のどの震え方の違いを観察する。
（4） 低い声を出し，続いて高い声を出す。のどの震え方の違いを観察する。

図Ｉ－１　のどに手を当てて声を出す

図Ｉ－２　ヴァイオリンから音が出る

> **観察結果**
>
> 　声を出しているときだけ，のどが震えるのがわかる。低い声のときは，のどの震えがはっきりわかる。低い声のときも高い声のときも，声を大きくすると，のどの震えが大きくなる。低い声のときと比べ，高い声のときは，震えが速く感じる。

　これは，手軽にできる観察である。のどの振動を観察してから，他の音が出ている物体を観察するとよい。のどの観察は他の振動を観察するときの予行演習にもなる。生徒は音が出ている物体を観察するときの観点を明確にできる。

　弦楽器を弾いているときの楽器の振動を観察することはとても良い。使う楽器は，可能であれば，図Ｉ－２のように，ヴァイオリンが良い。初心者用のヴァイオリンならフルセットでも３万円程度で購入できる。ヴァイオリンと同様に，弦の振動を楽器の裏側の板に効率よく伝える機構があるヴィオラやチェロも良いが，初心者用のものでも高価である。

　弾いているときだけヴァイオリン本体が振動するのがわかる。弦の振動が駒（モノコードのことじに相当）から表板へ，表板から楽器の中にある魂柱を経て裏板へ伝わる。このようにして弦の振動がヴァイオリン本体に伝わる。ぜひ裏側の板に触れて欲しい。ヴァイオリン本体の振動がヴァイオリンと触れている空気を振動させて大きな音が出ることを実感できる。魂柱は，表板と裏板の間に挟まれた棒のことで弦の振動を効率よく裏の板へ伝える役目をする。

　筆者は，音の授業でチェロを使ったことがある。弾く構えは，チェロを体で包むようにするので，弾いているときに，チェロの裏板の振動が体に伝わってきて，音とは振動することだとつくづく思った。

1-2 スピーカーの振動

　低周波発振器にスピーカーを接続して音の実験をすると，人が聞くことのできる音の高さ，可聴域（振動数 20 Hz ～ 20,000 Hz）の観察を可能にする。また，音の大きさも変えられるので，スピーカーの振動の速さ，振動の振れ幅を変えることができる。

　触る観察を効果的に行うには，振動数は，50 Hz ～ 800 Hz くらいの範囲にする。振動数が大きくなりすぎると，スピーカーの振動部分を触っても振動していることがわからない。

　振動数の変化と音の大きさの変化による，それぞれの振動の様子の違いを次の手順で観察する。

用意するもの　低周波発振器，振動部分を触れるスピーカー，接続用導線（2本）

実験方法

（1）　低周波発振器とスピーカーを導線で接続する。
（2）　図I－3のように，スピーカーに手を軽く触れる。
（3）　低周波発振器の振動数を変えるつまみ，音量のつまみを最小にしてスイッチを ON にする。
（4）　振動数を変えるつまみを調節して，振動数を 50 Hz くらいにする。
（5）　音量のつまみを調節して小さい音を出す。
（6）　音を少しずつ大きくしながら，振動の変化を観察する。
（7）　音量のつまみを元に戻す。
（8）　振動数を変えるつまみを調節して，振動数を 100 Hz くらいにして，振動の様子を観察する。50 Hz くらいのときと比べ何が違うか観察する。
（9）　振動数を徐々に大きくし，800 Hz くらいまで（5）～（8）の操作を繰り返す。

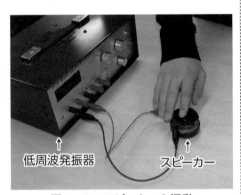

低周波発振器　　　スピーカー

図I-3　スピーカーの振動

　スピーカーから音が出ているときだけ，スピーカーが振動する。音が大きくなると，スピーカーの振動する部分の振動の幅が大きくなる。音が高くなると，振動の速さが速くなる。

　生徒は，「激しく振動する」という表現をすることがよくある。この言葉を使ったときは，「激しく」を振動の振れ幅が大きいという意味で使ったのか，振動が速いという意味で使ったのかを確かめる。

1–3　振動子スピーカーの振動

　振動子スピーカーは，スピーカーの底部が振動するという特徴がある。底部が他の物体と触れていると，触れている物体がスピーカーになる。振動子スピーカーを机の上に置くと，机の面が振動して机の面全体がスピーカーになる。

　このスピーカーを使うと，机の面が振動するので一度に多くの生徒が触って観察できるというメリットがある。

用意するもの　振動子スピーカー，スマートフォン，机

事前に行っておくこと　スマートフォンに，Audio Function Generator のアプリをインストールしておく。アプリストアで「Audio Function Generator Pro」（有料）または「Audio Function Generator」（無料）を入手する。どちらのアプリを使っても実験が行える。これらのアプリは，低周波発振器と同様の機能がある。

実験方法

（1）　スマートフォンの Bluetooth の設定を ON にする。
（2）　振動子スピーカーを Bluetooth に設定する。
（3）　振動子スピーカーを大きな机の上に置く。
（4）　図Ⅰ–4のように，机の面に手を軽く触れる。
（5）　スマートフォンからアプリを起動する。
（6）　アプリの初期画面で数値入力欄に 50 と入力し再生ボタン（▶）を押す。
（7）　小さい音を出す。
（8）　音を少しずつ大きくし，机の面の振動の様子を観察する。スピーカーの振動のときと同様に，振動の幅の違いを観察する。
（9）　音の大きさを元に戻す。

(10) 振動数を 100 Hz にして，振動の様子を観察する。スピーカーの振動のときと同様に，振動の速さの違いを観察する。

(11) 振動数を徐々に大きくし，800 Hz くらいまで（7）〜（10）の操作を繰り返す。

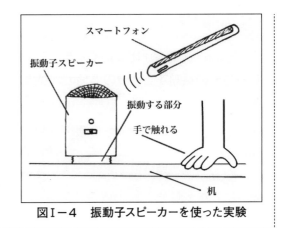

スマートフォン

振動子スピーカー

振動する部分

手で触れる

机

図I－4　振動子スピーカーを使った実験

実験結果

　スピーカーの振動と同じように，音が出ているときだけ，机の面が振動する。音が大きくなると，机の面の振動の幅が大きくなる。音が高くなると，机の面の振動の速さが速くなる。

　この実験を行ったのちに，低音が主音となる音楽を再生すると机の面の振動の変化と音の大きさ，高さの関係がわかっているので効果的である。音楽を楽しみながら，振動が速くなったり，振れ幅が大きくなったりと観察の成果を味わえる。再生する音楽は，例えば，低音部から始まるポッパーの『ハンガリー狂詩曲』などが良い。この曲はチェロの曲で低音が大きい。スマートフォンを使うので，インターネットの動画サイトで検索していろいろな音楽を再生できる。

2 　風船を使って音の空気中の伝わりを調べる

　物体から音が出ているとき，その物体は振動をしている。その振動は，物体に触れている空気を伝わり，さらにまわりの空気へと次々と伝わっていく。振動が鼓膜に伝わり，鼓膜が振動するとき，音が鳴っていると認識する。

　音が聞こえるのは，振動が空気を伝わるためだと生徒に気づかせたい。風船を用いると空気の振動を容易に捉えることができる。

2-1 　音が伝わるときの空気の振動

用意するもの 　膨らませたときに直径が 20 cm 程度になる風船（生徒数）

観察方法

（1）　風船を膨らませ，風船の口を縛る。
（2）　顔の前に風船が位置するようにして，両手で風船を軽く触れ挟むように支える。
（3）　小さな声や少し大きな声を出す。
（4）　手に伝わる風船の振動を観察する。

図Ⅰ-5　風船で音の空気中の
　　　　伝わりを調べる

観察結果

　声を出しているときだけ，風船は振動し，その振動が手に伝わってくる。少し大きな声を出したときは，風船の振動の幅が大きくなるのがわかる。

　生徒は風船が振動するのは風船のまわりの空気が振動しているためだと気づく。

　賑やかな環境で実験すると，風船は振動したままになってしまうので，静かな環境で行う。実験を始めるときに生徒へ小さな声で「風船に何か変化があるかな？」と言うように，小さな声でゆっくりと生徒に話しかけると静かになることが多い。風船への関心も高まる。

　一斉に声を出すと賑やかなので，数人ずつ声を出して観察する。

　多くの教科書に掲載されている「音が空気を伝わる実験」は，振動数の等しい二つの「音叉」を使った共鳴現象を利用したものになっている。この方法は，中学1年生にとってわかりにくいのではないだろうか。

3　音は真空を伝わらない

　風船の実験から，音は空気を伝わっていくことを確認した。もし，振動している物体のまわりにその振動を伝える物質がなければ音は伝わらない。この事実に納得できるような実験を行いたい。

　通常，この実験は排気鐘内でベルを鳴らしたら，すぐに排気鐘内の空気を排気して「ベルの音が聞こえない」と結論を出してはいないだろうか。しかし，この方法では，排気鐘内の空気を排気した実感が伴わない。そこで，ある音に注目させて実験を行うと，排気鐘内の空気が排気されたと実感できる。この方法は，盲学校で教えていたからこそ思いついたのだと思う。視覚ばかりに頼らない視点を先生がお持ちになると，教育効果のある新たな方法を発見されると思う。

3-1　音は真空を伝わらない実験

　鳴っている防犯ブザーが入っている容器の中の空気を排気して減圧したときの音の伝わりを調べる。排気鐘内を減圧していることを生徒が実感できるように実験を行う。

用意するもの　真空ポンプ（「付録2　真空ポンプの保管」を参照），排気盤，排気鐘，真空ポンプ用チューブ，防犯用ブザー，タコ糸，ネジ付きフック，ゴム栓（排気鐘用），真空用グリース

事前に行っておくこと　図I-6のように，ゴム栓にネジ付きフックを取り付ける。

図I-6　ゴム栓にフックを取り付ける

| 実験方法 |

（1）　図 I − 7 のように装置を組み立てる。

（2）　排気盤のコックを開いた状態で真空ポンプを作動し，排気鐘内の空気を排気していく。

（3）　10 秒くらい経つと，真空ポンプの音が「カラ，カラ…」という高い音に変化する。この状態になると，排気鐘内の減圧が十分できている。ここで，排気盤のコックを閉じてから真空ポンプを止める。

（4）　生徒に「これからコックを開くよ。音が聞こえるかな。」というように，生徒に，何に注目するかを明確にして注意を促すと静かな環境になる。静かになったら，排気盤のコックを開く。空気が排気鐘内に入っていく小さな音が聞こえる。

（5）　防犯ブザーのスイッチを ON にして，ブザーを鳴らし再び排気鐘内の空気を排気していく。排気盤のコックを閉じてから真空ポンプを止める。防犯ブザーの音はほとんど聞こえない。

（6）　排気盤のコックをわずかに開き，排気鐘内に空気を徐々に入れていく。

（7）　防犯ブザーの音がだんだん大きくなる。

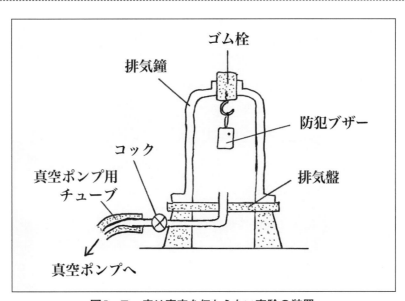

図 I−7　音は真空を伝わらない実験の装置

| 実験結果 |

　排気鐘内の空気を抜くと，ブザーの音はほとんど聞こえない。空気が入っていくとブザーの音がだんだん大きくなる。

　排気鐘内の空気を排気して止めた直後の「これからコックを開くよ。音が聞こえるかな。」という演出がポイントである。排気盤のコックを開く操作を行うと，「シュー」と

いう小さな音が数秒間続き，排気鐘の中に空気が入っていくのが実感できる。この小さな音を生徒全員が確認できるように，教師が演出する。

　ブザーが鳴っている状態で排気鐘内の空気を排気し，真空ポンプを止めたとき，ブザーの非常に小さい音が聞こえることに気づく生徒もいるだろう。そのときは，「でも，非常に小さな音だよね」と促すのが良い。実験が失敗したのではない。聞こえる理由は後で述べる。生徒全員が防犯ベルの音の有無，あったとしても非常に小さいことを確認する。排気盤のコックをわずかに開き，排気鐘内に徐々に空気を入れていくと，防犯ブザーの音がだんだん大きくなり，空気が音を伝えていると実感できる。

　この実験は静かな環境で行わなければならない。これを実現するためには，教師の生徒への問いかけ方如何にかかっている。この問いかけ方が教師の力の見せ所である。

　排気鐘のコックを閉じ，真空ポンプを止めた後も防犯ブザーの音が真空ポンプを作動する前と同じくらい聞こえるときは，二つの原因が考えられる。一つは減圧が十分でないため。密閉が十分でなく，真空ポンプを止めた後に排気鐘内に空気が入り込んだ可能性がある。このときは，排気盤のコックの部分と排気鐘の底の面に真空用グリースを塗る。二つ目の原因は防犯ブザーの振動が排気鐘に伝わっているため。ブザーを吊るしてあるタコ糸を伝わってゴム栓や排気鐘を振動させている可能性がある。このときは，タコ糸の振動が共振しないように，タコ糸の長さを短くしたり，長くしたりする。それでもブザーの音が大きく聞こえるときは，別の太いタコ糸や細いタコ糸に代えたりするとよい。

3-2　真空ポンプで空気を排気してもブザーの音が聞こえる理由

　真空を音が伝わらないことを示す実験の説明については注意を要する。この実験を「容器内が真空になったからブザーの音が聞こえなくなった。」と説明するのは誤りである。その理由は，真の真空は作れないためである。したがって，容器内は真空になっていない。そのため，減圧という言葉を使った。また，真空になっていないにもかかわらず音が聞こえない場合もある。それは，防犯ブザーと空気，空気と容器の内壁の間の振動の伝わり方が減圧によって変化し，防犯ブザーの振動が容器の内壁へうまく伝わりにくくなったためで，真空になったからではない。では，この実験をどのように生徒に説明すればよいだろうか。筆者は「空気がとっても薄くなって音はほとんど聞こえなくなったね。」と事実を示し，その上で，「音は真空を伝わらない。」と，説明することにしていた。

4　音速を測るいろいろな方法

　大気中を伝わる音の速さは，昔からいろいろな方法で測定されてきた。1635年，イタリアのガッサンディは，小銃の閃光を見てから小銃の音を聞くまでの時間から音速を測った[2]。また，1686年にイギリスのニュートンが著した『プリンキピア』で音速について触れている[3]。筆者は，ニュートンが測定したとされるケンブリッジのトリニティ・カレッジの回廊の隅に立って手を叩いた。すると，少し遅れて「パチッ」という鮮明な反射音が聞こえた。ニュートンは，反射音を利用して音速を測ったとされている。さらに1862年，フランスのルニヨーがパリの水道管の中の音速を測った[4]。音源にピストルの音や爆音を使った。この実験は大規模で，音が通過した距離は20,000 mに及んだという。このように，科学者たちは音速に関心を持ち続けていたことがわかる。

　音速を測る方法を二つ紹介する。そのうちのメトロノームを使った方法は，筆者の教え子たちが発明した。

図I－8　ニュートンが音速を測定したとされる場所
（トリニティ・カレッジの附属図書館の回廊）

4-1　水道用ホースを使った方法 [5]

　長いホースの中を音が伝わる時間を計って音速を求める。

4-1-1　水道用ホースを使って音速を測る装置の製作

　装置の全体像は図I－9のようになる。

水道用ホース（数本，つないだ長さが200 m程度），水道用ホースのジョイント（ホースの本数から1を引いた個数），マイク，炭酸用ペットボトル（丈夫な炭酸用がよい），ペットボトルのふた，塩化ビニルの水道管（二種類以上，内径がペットボトルのふたの外径に等しいもの，内径が水道用ホースの外径に等しいものなど図Ⅰ－10のC，Dを参照），塩化ビニル用接着剤，カッター

製作方法

（1） 図Ⅰ－10中Bのようにジョイントを使って水道用ホースをすべてつなぐ。

（2） ホースの一端に以下の手順でペットボトルを取り付ける。図Ⅰ－10中Cのようにペットボトルのふたに，カッターで直径約1cmの穴を開け，筒状にする。

（3） ふたにペットボトルをねじ込み，ふたの部分を塩化ビニルの水道管に差し込み塩化ビニル用の接着剤で固定する。

（4） この水道管の他端には，さらに直径の小さな水道管を差し込み，接着剤で固定する。

（5） この細い水道管に水道用ホースを差し込む。

（6） ホースのもう一端に以下の手順でマイクを取り付ける。図Ⅰ－10中Dのように，マイクが入る太さの水道管に，この水道管の内径に等しい外径の水道管を差し込み，接着剤で固定する。

（7） この水道管にさらに直径の小さな水道管を差し込む，これを繰り返して，水道管にホースがピタリとはまるまで行う。

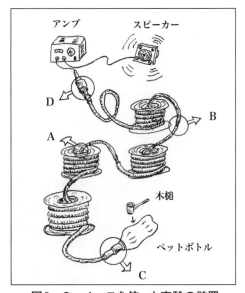

図Ⅰ－9　ホースを使った実験の装置

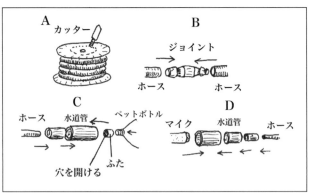

図Ⅰ－10　装置の各部分の製作

　ホースとマイク，ホースとペットボトルを単にビニルテープで固定してもいいだろう。ホースは，一巻き50 mで販売している店もある。このホースを利用するときは，図Ⅰ－10中Aのように中心部をカッターで切り取って内部のホースの端を取り出す。巻いてあるホースを使うと収納が簡単である。

4-1-2 水道用ホースを使って音速を測る

ホースの長さをあらかじめ測っておく。次のようにして，音がホースの長さの 10 倍に相当する距離を伝わる時間を計り，音速を求める。

用意するもの 4-1-1 で製作した装置, アンプ, スピーカー, 接続用コード (2 本), 木槌, ストップウォッチ

実験方法

（1） ホースに差し込んであるマイクの端子をアンプの入力端子につなぐ。
（2） アンプの出力端子にスピーカーをつなぐ。
（3） アンプの音量つまみを最小にする。
（4） アンプのスイッチを ON にする。
（5） 利き手で木槌を持ち，もう一方の手でペットボトルの口を持って，ペットボトルが利き手側に横たわるように机の上に置く。
（6） ペットボトルを木槌で叩く。すると，少し遅れてスピーカーから「ボッ」という音が聞こえる。この音を聞いて，アンプの音量を調節する。
（7） ペットボトルを叩いてからスピーカーの音を聞くまでの時間と，スピーカーの音を聞いてからペットボトルを叩くまでの時間が等しくなるように，リズミカルにペットボトルを叩けるまで繰り返し練習する。
（8） 合図で，ペットボトルを叩く（0 回目）と同時に，別の生徒がストップウォッチで時間を計り始める。
（9） ペットボトルを 5 回目に叩くときにストップウォッチを止める。

音速の求め方 このときの音の伝わりと時間の関係は，図Ⅰ－11 のグラフで表すことができる。実線のグラフは，ペットボトルを叩いたときに発生した音がホースの中を伝わりマイクまで達する状態を表す。ペットボトルを叩いてからスピーカーの音を聞くまでの時間と，スピーカーの音を聞いてからペットボトルを叩くまでの時間が等しくなるようにペットボトルを叩いているので，ペットボトルを 5 回目に叩くまでの時間は，ホースの中を伝わる音がホースの長さの 2×5 倍を伝わる時間に等しくなる。したがって，ホースの長さを L [m] とすると，5 回目を叩くまでの時間に音が伝わる距離は，ホースの長さの 2×5 倍，$10L$ である。計った時間を t 秒とすると，音速 V は，次のように求めることができる。

測定結果 $V = \dfrac{10L}{t}$ [m/s]

$L = 190$ m, $t = 5.51$ 秒　音速 $V = 345$ m/s

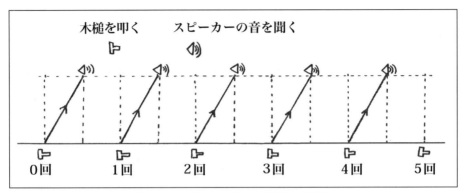

0回　　1回　　2回　　3回　　4回　　5回

図I－11　ホースを使った実験のグラフ

　ペットボトルを木槌で叩くと，少し時間を経てスピーカーから音が鳴る。音が伝わるのに時間がかかることを実感できる。素朴で生徒にもわかりやすい実験である。

4-2 メトロノームを使った方法[6]

　この方法は生徒が発明した。発明した経緯を簡単に記す。

　盲学校では，本格的に楽器を演奏する生徒が多い。そのため，メトロノームは身近な道具になっている。あるとき，二人の生徒がそれぞれのメトロノームを同じリズムで鳴らしていた。この二人は遠ざかると音のズレに変化が生じることに気づいた。その現象を物理好きの友人に話すと，その友人は即座に音速が測れると語ったという。それが発端となって研究を始め，メトロノームを使った音速の測定方法を三つ発明した。三人の生徒たちは，この研究で「第35回日本学生科学賞」2等賞を受賞した。

　発明した三つの方法のうち，二つの方法を紹介する。

4-2-1 はじめに発明した方法

　測定する原理は次の通りである。

　二つのメトロノームを同じ場所で，同時に聞こえるようにする。一つをその場所に置いたままにして，もう一つのメトロノームを生徒が持ち，置いたままのメトロノームから離れていく。すると，二つのメトロノームの音にズレが生じる。そのズレはだんだん大きくなる。さらに離れると音のズレはだんだん小さくなり，再び同時に聞こえるようになる。このときの，メトロノームを持った生徒が歩いた距離とメトロノームの音の鳴る間隔に基づいて音速を求める。

用意するもの　電子メトロノーム（イヤホン端子があるもの2個，二つの電子メトロノームは同じ製品にする。製品が異なると，同じリズムに設定してもわずかに異なる場合がある），アンプ付きスピーカー，巻き尺（60 m 以上のもの，体育科にあると思う）

実験方法

（1）　メトロノームを1分間に360回鳴るように設定する。そのためには連音機能を使う。
　　　表示が120のとき，2連音の機能を使うと，表示の2倍に，3連音を使うと表示の3倍になる。もう一つのメトロノームも同じリズムで鳴るように設定する。
（2）　図Ⅰ-13のように，廊下の一方の端に，アンプ付きスピーカーに接続したメトロノームAを置く。
（3）　メトロノームAをONにする。
（4）　もう一つのメトロノームBをメトロノームAが置いてある位置で，メトロノームAと同時に鳴るようにする。そのためにはメトロノームBのスイッチを，ON，OFFを繰り返

して同時に鳴るようにタイミングを図る。

（5）　一人の生徒がメトロノーム B を持って，メトロノーム A から遠ざかる。再び同時に聞こえる場所を探す。

（6）　メトロノーム A と同時に聞こえる場所までの距離を測定する。

図Ⅰ－12　二つのメトロノームとアンプ付きスピーカー

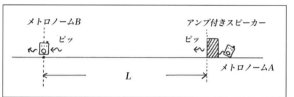

図Ⅰ－13　はじめに発明した方法

実験を行うときのコツと音速の求め方

　電子メトロノームの音が明確に聞こえるように，静かな環境で行う。静かな廊下で行うと良い。実験をするスペースは直線距離で少なくとも 60 m は必要である。

　二つのメトロノームを同時に鳴るようにするのはなかなか難しい。同時に鳴らすことができないときは，メトロノーム B を持ってメトロノーム A から遠ざかり，最初に同時に聞こえる位置を探す。この位置にメトロノーム A があると考えれば良い。メトロノームのリズムが早いので，二つのメトロノームが同時に聞こえるメトロノーム B の位置を探すのは難しいかもしれない。しかし，この方法を発見した生徒たちは容易に探すことができた。

　再び同時に聞こえる位置では，二つのメトロノームの音にちょうど1回分のズレが生じている。よって，メトロノーム A の音がメトロノーム B まで伝わる時間は，60 秒間に 360 回鳴るから 60/360=1/6 秒である。

　メトロノーム A とメトロノーム B の距離を L とすると，音速 V は次の式で求められる。

$$V = \frac{L}{1/6} = 6L \ [\text{m/s}]$$

測定結果　L = 57.8 m，V=347 m/s（気温　18℃）
理論値　342 m/s（気温を考慮している）

4-2-2 工夫した方法

測定する原理は次の通りである。

二つのメトロノームＡ，Ｂを１分間に180回鳴るように設定する。上記の実験と比べメトロノームのリズムがゆっくりなので，音のズレがよくわかるようになる。あらかじめ，メトロノームＡ，Ｂの距離を60 m以上離しておく。メトロノームＢから出た音がメトロノームＡに達したときに，メトロノームＡが鳴るようにする。つまり，メトロノームＡを反射板として利用する。次に，生徒がメトロノームＡの位置からメトロノームを持たずにメトロノームＢに向かって歩き，二つのメトロノームの音が同時に聞こえる位置Ｃを探す。Ｃでは常に二つのメトロノームの音が同時に聞こえる。Ｃが決まると，次のようにして，音速が求められる。

図Ⅰ-14（a）のように，メトロノームＢから出た音が位置Ｃに達したとき，Ｃにいる生徒は二つのメトロノームＡ，Ｂの音を同時に聞く。図Ⅰ-14（b）のように，メトロノームＢの音がＣからＡへ進み，Ａに達すると同時にメトロノームＡから音が出て，その音の一部はメトロノームＢに向かって進む。図Ⅰ-14（c）のように，メトロノームＡの音が位置Ｃに達すると，Ｃにいる生徒は，メトロノームＡからの音とメトロノームＢから出る次の音を同時に聞く。したがって，Ｃにいる生徒がメトロノームの音を聞いてから次のメトロノームの音を聞くまでの時間は，音がCA間を往復する時間に等しい。これを利用して，音速を求める。

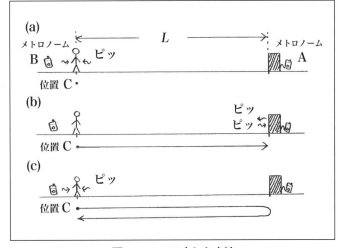

図Ⅰ-14　工夫した方法

用意するもの
（4-2-1と同じ）　電子メトロノーム（イヤホン端子があるもの2個，二つの電子メトロノームは同じ製品にする。製品が異なると，同じリズムに設定してもわずかに異なる場合がある），アンプ付きスピーカー，巻き尺（60 m以上のもの，体育科にあると思う）

（1）　二つのメトロノームを 1 分間に 180 回鳴るように設定する。

（2）　廊下の一方の端に，アンプ付きスピーカーに接続したメトロノーム B を置く。

（3）　メトロノーム B のスイッチを ON にする。

（4）　一人の生徒がメトロノーム A を持ってメトロノーム B から 60 m ほど遠ざかる。

（5）　遠ざかった位置で二つのメトロノーム A，B が同時に鳴るようにする。そのためには，メトロノーム A のスイッチを，ON，OFF を繰り返して同時に鳴るようにタイミングを図る。

（6）　二つのメトロノームの位置を変えずに，スピーカーをメトロノーム B からメトロノーム A に接続し直す。この状態が図 I － 14 である。

（7）　メトロノーム A の位置から，メトロノームを持たずにメトロノーム B に向かって歩く。二つのメトロノームの音が同時に聞こえる位置 C を探す。

（8）　メトロノーム A と位置 C の距離を測定する。

実験を行うときのコツと音速の求め方

　手順（5）で，二つのメトロノームを同時に鳴らすことができないときは，メトロノーム A をメトロノーム B に近づけたり遠ざけたりして，同時に聞こえる位置を探す。この位置にメトロノーム A を置く。

　「はじめに発明した方法」の実験と比べ，メトロノームの音の鳴る時間間隔が 2 倍になるので，二つのメトロノームが同時に聞こえる位置を決めるのが容易である。筆者も容易に決めることができた。

　音が $2L$ の距離を伝わる時間は，$60/180=1/3$ 秒である。したがって，メトロノーム A と位置 C までの距離を L [m] とすると，音速 V は，次の式で求められる。

$$V = \frac{2L}{1/3} = 6L \ [\text{m/s}]$$

測定結果

L=58.6 m，V=352 m/s（気温　31.5℃）

理論値　349.9 m/s（気温を考慮している）

参考文献等

[1] 石崎喜治「理科 音の単元」，ジアース教育新社『視覚障害教育ブックレット』Vol.2，2006 年，p45.

[2] 戸田一郎「科学史にヒントを得た「音」の実験」，東京書籍『高校通信　東書 物理』1990 年，2.1.

[3] 杉木優子『音のすがたをみつけよう』ポプラ社，1999 年，p47.

[4] 小幡重一『実験音響学』岩波書店，1933 年，p25.

[5] 富山第一高校元教諭　戸田一郎氏より教えていただいた。
　石崎喜治「素朴な方法で求める音速」，日本視覚障害理科教育研究会『JASEB NEWS LETTER』No.16,1997 年，p19.

[6] 生徒たちは，「第 35 回日本学生科学賞」2 等賞を受賞した。
　石崎喜治「目に見えない音の世界」，日本評論社『数学セミナー』1992 年，7，p84.

Ⅱ 力のつり合い

　ある物体に二つの力がはたらいているにもかかわらず，その物体が静止しているとき，物体にはたらいている二つの力の大きさは等しく，向きが反対である。

　通常，これを示す実験は，一つの物体を二つのばねばかりを使って引っ張り，その引っ張った状態のままでばねばかりの目盛りを読み取る。このように，不安定なばねばかりの目盛りを読み取るこの方法は，視覚に障害のある生徒にとって測定が難しい。そこで，最大値を記録する機能のある握力計を使うことを考えた。普通校でもわかりやすい実験である。

1　握力計を使った力のつり合い[1]

　力の大きさを測る道具として，握力計を使う。登山用カラビナを二つの握力計で左右に引っ張り合う。握力計を使うと加えた力の最大値が握力計に記録されるので，引っ張り合った後に，ゆっくりと目盛りを読み取ることができる。大きな力を加えられるのでダイナミックな実験が可能になる。

　カラビナが静止した状態なら，二つの握力計にかかる力は常に等しいので，一方の握力計にかかる力が最大なら，そのときのもう一方の握力計にかかる力も最大である。

1-1　握力計の工作

用意するもの　握力計 (アナログで同じ製品が良い　2個)，ボルトとナット (実験で加わる力に耐えるもの　6組)，ロープ (登山用太さ6 mm 切り売りしている，長さ80 cm くらい　2本)，アルミニウムの板 (幅は握力計の幅と等しいもの，厚さ 約3 mm，長さは図Ⅱ-1を参考に決める　4枚)，電動ドリル，ポンチ，ハンマー，金属用ノコギリ，ヤスリ，ドライバー，ペンチ (2個)

（1） 図Ⅱ－1のように，握力計の取手の外側を切断し，その断面をヤスリで削り滑らかにする。

（2） 握力計の裏板を取り外し，握力計の構造を傷つけないように，握力計の側面にボルトを通す穴を電動ドリルで開ける。穴の開け方は，「付録3 金属に穴を開ける方法」に示してある。この穴を利用して握力計にアルミニウム板を取り付ける。

（3） 4枚のアルミニウム板の両端付近にボルトを通す穴を電動ドリルで開ける。

（4） 4枚のアルミニウム板の縁をヤスリで削り滑らかにする。

（5） 図Ⅱ－1のように，それぞれの握力計に2枚のアルミニウムの板をボルトとナットで固定する。握力計の外側にボルトを，内側にナットを使い，ネジの突起を握力計の内側にする。

（6） 図Ⅱ－1のように，握力計に取り付けた2枚のアルミニウムの板の間にロープを通して，ロープを取り付ける。

（7） ロープのもう一方の端を結んで輪をつくる。輪の大きさは，カラビナ（図Ⅱ－2）に輪をかけられるように決める。ロープがナイロン製（登山用はナイロン製が多い）のときは，ロープの断面を加熱して溶かしてから固め，ほどけないようにする。結び方と加熱方法は，「付録5 天井に支点を設置する方法」に示してある。

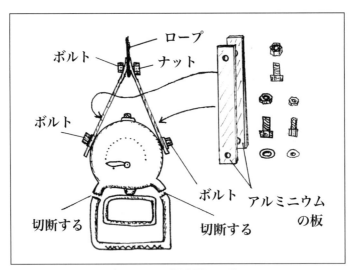

図Ⅱ－1 握力計の工作

　握力計は体育科に使い古しのものが何個も転がっているかもしれない。筆者は体育の教員から譲り受けた。握力計は製品によって，その構造が違う。側面に穴が開けられるものを使う。筆者が使った握力計は，本体がアルミニウム製で強度があり，加工も簡単だった。二つの握力計は，同じ製品が良い。異なる製品を使うと，二つの握力計に同じ力が加わっていても表示が異なることがある。デジタル表示ならなおさらで，表示される数値が異なることも考えられる。

1−2　握力計を使った実験

用意するもの　工作した握力計（2個），登山用カラビナ（1個［図Ⅱ−2］，登山用は縦方向に1.5 t の力に耐えられる）

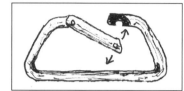

図Ⅱ−2　カラビナ

事前に行っておくこと　授業の前に必ず，実験のときと同様の力を器具に加えてその力に耐えられること，握力計の損傷やロープの劣化がないことを確認する。

実験方法

（1）　二つの握力計それぞれにつながったロープの端の輪をカラビナに通す。

（2）　握力計の目盛りをリセットする。

（3）　二人の生徒が，それぞれの握力計の握る部分を片手で持つ。

（4）　教師の合図で二人の生徒が握っている握力計を引き始め，図Ⅱ−4のように少しずつ引く力を大きくしていく。生徒の姿勢が安定するように，実験机に片手を添えるとよい。徐々に加える力の大きさを大きくしていく。力の大きさを急に変えない。これを生徒に徹底させる。

（5）　カラビナは可能な限り静止した状態を保つ。

（6）　教師の合図で，握力計に加えている力を少しずつ小さくし，十分小さくなったら引くのを止める。加えている力の大きさを急に変えない。これを生徒に徹底させる。

（7）　二つの握力計の指針の示す目盛を比べる。

図Ⅱ−3　握力計を使った装置

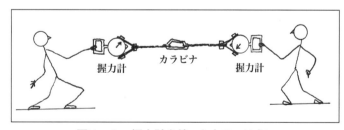

握力計　　カラビナ　　握力計

図Ⅱ−4　握力計を使った力のつり合い

実験例

二つの握力計の値　ともに 25 kg

　この実験の主役は，カラビナである。カラビナにかかっている力を二つの握力計で調べる。カラビナに加えられている二つの力は，大きさが等しく，向きが反対になっている。加える力の大きさを変えて繰り返し実験しても，常に二つの力の大きさが等しく，向きが反対である。

　二つの力がつり合う場合は，二つの力は必ず一直線上にある。しかし，一直線上にあることを強調しない方がいい。例えば，図Ⅱ－5のように，摩擦のある水平面上に物体があるときを考える。この物体を引いても物体が静止しているとき，物体に水平方向にはたらく二つの力は大きさが等しく，向きは反対である。しかし，一直線上にはない。地球上の物体には，必ず重力がはたらくので，二つの力がつり合う場合は，必ず一方の力は重力であり，もう一方の力は，物体を支える力である。そのため，物体にはたらく力が二つというのは，非常に限られた場合だけである。したがって，一直線上にあることを強調しない方がいい。

　図Ⅱ－5にはたらく力をすべて図に示すと，図Ⅱ－6のようになる。このように物体にはたらく力は四つあり，力のつり合いは大変複雑である。このように考えると，二つの力のつり合いであっても，一直線上にあると強調しない方がいい。

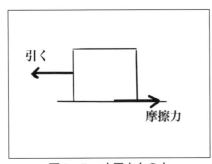

図Ⅱ－5　水平方向の力

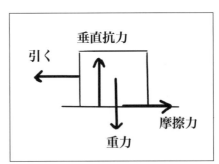

図Ⅱ－6　物体にはたらく力

参考文献

[1] 石崎喜治「握力計を使った力学実験」，日本視覚障害理科教育研究会『JASEB NEWS LETTER』No.11-12 合併号，1993 年，p1.

Ⅲ

電気回路

　中学校の電気回路の学習は，抵抗の直列つなぎ，並列つなぎの回路とオームの法則を学ぶことである。生徒はオームの法則ばかりを重要視する傾向がある。その理由は，オームの法則だけが法則という冠がついているためであろう。電気回路の問題は，オームの法則だけでなく，キルヒホッフの二つの法則の考え方も用いなければ解けない。中学校の学習でも，キルヒホッフの法則の内容を強調して教えるべきだろう。強調して教えると，回路の理解が格段に良くなった。

　ちなみに，キルヒホッフの二つの法則のうち，一つ目の法則は，回路の一つの分かれ道に流れ込む電流の和と流れ出る電流の和が等しいこと，特別な場合として，分かれ道がない一本道のときは，回路のどの場所も流れている電流は等しい，であり，二つ目の法則は，電気回路をひとまわりたどったとき，たどった抵抗器などの素子にかかっている電圧を足し合わせると，電源の電圧に等しいこと，である。

1　電気回路の実験に使う器具の工夫[1]

　図Ⅲ－1は，電気回路の授業で使う主な器具である。ただし，計測器を除く。

　盲学校の生徒が，学ぶべき内容に集中できるように，使いやすい操作性の高い器具を工夫した。この工夫は，晴眼の生徒にも役立つ。

　例えば，端子はターミナルで統一し，導線の先端はバナナプラグで統一すると接続が容易になる。しかも，しっかり接続できる。図Ⅲ－1（a）の電池ボックスの端子はターミナルでプラス極付近にネジをつけ，極性が直ちにわかるようにしてある。図Ⅲ－1（b）はまめ電球で端子は，これもターミナルである。まめ電球を使う理由は，電圧のわずかな変化で明るさが大きく変化をするので，電圧を定性的に把握できるという利点があるからだ。全盲の生徒は，図Ⅲ－2のように，まめ電球に感光器[2]を取り付けた器具を使う。感光器は光の明暗を音の高低に変える器具である。図Ⅲ－1（c）は，どのような素子もターミナルで接続できるように工夫した器具である。台に2本のワニグチクリップを固定し，ワニグチクリップはターミナルとつながっている。2本のワニグチクリップの

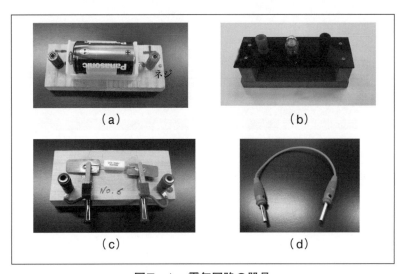

図Ⅲ－1　電気回路の器具
（a）電池ボックス，（b）まめ電球，
（c）素子を固定する器具（写真は抵抗器を固定してある）（d）バナナプラグの導線

間に図Ⅲ－3のように，抵抗器やコンデンサーなどの素子を挟んで使う。この器具の原型は，物理教育研究会[3]のメンバーとロンドン大学を訪れたときに見て，これは使えると思った。

　ターミナルとの接続には，図Ⅲ－1（d）のバナナプラグ[4]の導線を使う。このバナナプラグの柄の部分には穴が開いている。この穴は別のバナナプラグを差し込むためのものである。これを使うと図Ⅲ－4のように，一つのバナナプラグに別のバナナプラグを何本でも差し込むことができる。これにより，どのような接続もすべてバナナプラグだけで行うことができる。

　バナナプラグの導線にも工夫がある。長さを短くしてあるので，回路を組むときに導線を手でたどることを容易にする。そうすると絡むこともほとんどない。これ以外にも，電圧計や電流計との接続用に，長い導線を用意する。

　いずれの器具の板も重くして，動きにくくしてある。このような工夫で電気回路を組む操作性が格段に良くなった。

図Ⅲ－2　まめ電球と感光器

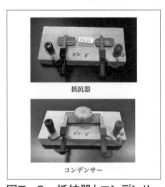

図Ⅲ－3　抵抗器とコンデンサー

図Ⅲ－4　複数の導線の接続

1-1 器具の製作方法

　図Ⅲ-1（a）電池ボックス，（b）まめ電球，（c）素子を固定する器具および（d）バナナプラグの導線を製作する。

すべての器具の製作で使用する工具　電動ドリル，ドライバー，ペンチ，ノコギリ，はんだ，はんだごて，ワイヤーストリッパー

電池ボックス

用意するもの　単Ⅰ電池ボックス，単Ⅰ乾電池，木ネジ（1個），木板（密度が大きく厚いもの），ターミナル（2個），導線（約10 cm）

製作方法　図Ⅲ-5の要領で製作する。

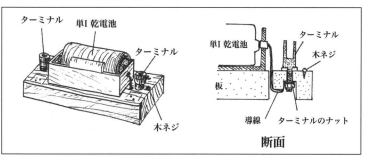

図Ⅲ-5　単Ⅰ電池ボックス

まめ電球

用意するもの　まめ電球（ソケット付き），木ネジ（4個），木板（密度が大きく厚いもの），ターミナル（2個），導線（約10 cm），アクリルの板（厚さ約3 mm）

製作方法　図Ⅲ-6の要領で製作する。

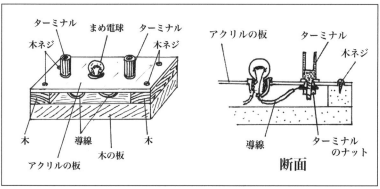

図Ⅲ-6　まめ電球

素子を固定する器具

用意するもの ボルト（2個，太さはワニグチクリップの幅より細いもの），ナット（2個，ボルトと同じ規格のもの），ワニグチクリップ（2個，サイズが大きいもの），木板（密度が大きく厚いもの），ターミナル（2個），導線（約6cm），接着剤

製作方法

図Ⅲ−7のように，ワニグチクリップと板はボルトとナットで固定する。そのとき，ワニグチクリップと板が接する面に接着剤を塗って補強する。

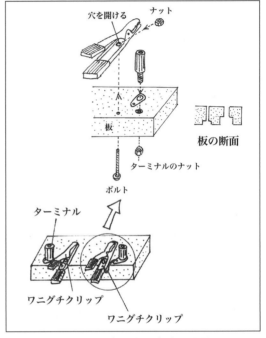

図Ⅲ−7　素子を固定する器具

バナナプラグ

用意するもの SHIMAZU No.157 − 800 10本組

製作方法

このキットは，完成品ではないので，自ら組み立てる。組み立ては図Ⅲ−8の要領で行う。導線の最適な長さは，電池ボックスなどの器具の大きさによって決まる。今回の実験では約20cmにした。この長さであれば，工夫した電池ボックスなどを使って，直列，並列の回路の組み立てが可能である。

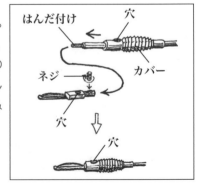

図Ⅲ−8　バナナプラグの工作

2　電流と電圧の測定

2-1　電流計・電圧計を使うときの留意点

　電圧や電流を測定するときは，重要な接続手順がある。はじめに電流計や電圧計を除いた目的の回路を組むことである。その後で，電流計・電圧計を接続する。はじめから電流計や電圧計を含んだ回路を組むと，誤った回路を組む可能性が高くなる。したがって，常にこの約束で回路を組むことを生徒に徹底させる。

　素子と素子，例えば抵抗器と抵抗器をつなぐ導線は短い方が良いが，電流計や電圧計につなぐ導線は長い方が良い。電流計や電圧計専用の長い導線を別に用意する。

2-2　電流計の接続方法[5]

接続手順

（1）図Ⅲ－9の回路の点aの電流を調べたいとする。約束にしたがって，はじめは，電流計を使わず，図Ⅲ－9の回路を組む。

（2）点aを流れる電流を測定するには，次のようなイメージで電流計を回路に接続する。点aに相当する実際の回路の導線の1点を2本の指でつまむ。つまんだところを切断したと仮定する。すると，図Ⅲ－10（a）のように切り口P，Qができる。乾電池の

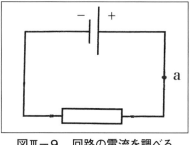

図Ⅲ－9　回路の電流を調べる

　＋極とつながっているPの切り口を電流計の＋の端子とつなぎ，切り口Qを電流計の－の端子とつなぐ。

（3）電流計を接続した回路は，図Ⅲ－10（b）になる。電流は乾電池の＋極から電流計の＋の端子へ流れ，電流計の内部を流れて－の端子から抵抗器へ流れて乾電池の－極へと流れる。図の電流計は，盲学校で使っている音声付き電流計を示してある。以後，図の電流計，電圧計は，音声付きの計測器で示す。生徒たちに，説明のイメージにしたがってこの操作をさせると，ほとんどの生徒が電流計を接続できるようになる。

　この説明で，電流計を接続することが難しいと思われる生徒を発見したら，乾電池の＋極と抵抗器の端子をつなぐ1本の導線を，図Ⅲ－11のように，2本つなぎになっている導線と交換する。つなぎ目が，図Ⅲ－9の点aに相当すると考える。つなぎ目のバナ

ナプラグを抜く。これは，点 a で切断することに相当する。切り口に相当する P, Q の
バナナプラグを電流計に接続する。その接続方法は，手順の（2）の説明と同様に，乾
電池の＋からつながっている P を電流計の＋の端子と，もう一方の切り口に相当する Q
を電流計の−端子とを接続する。

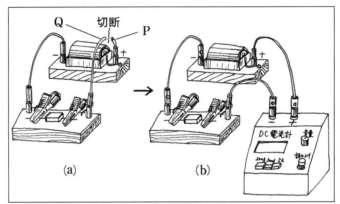

図Ⅲ−10　電流計の接続

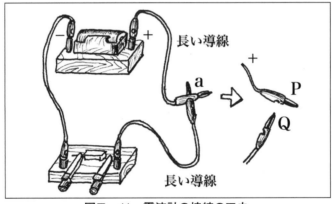

図Ⅲ−11　電流計の接続の工夫

2-3　回路を流れる電流の測定

用意するもの　乾電池ボックス(電池の入ったもの),導線(短いもの2本,長いもの2本),抵抗器,電流計

実験方法

（1）　図Ⅲ－12の回路を組む。

（2）　電流計の接続方法にしたがって,点aに電流計を接続する。

（3）　点aの電流を測定する。

（4）　点aに接続してある電流計を取り除き,回路を元の状態（図Ⅲ－12）に接続しなおす。

（5）　電流計の接続方法にしたがって,点bに電流計を接続する。

（6）　点bの電流を測定する。

（7）　点a,点bを流れる電流の大きさを比較する。

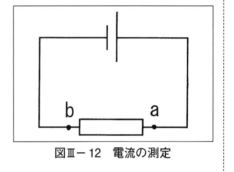

図Ⅲ－12　電流の測定

実験結果

点a,点bを流れる電流は等しい。

　単に結果を記録させるだけではなく,さらに,「1本道の回路では電流の値はどこも等しい」と言葉で記録させて,記憶に留まらせる。この結果は,キルヒホッフの一つ目の法則の一部をなしている。

　生徒の多くは,点aを流れる電流は点bを流れる電流よりも大きいと思っている。実際には,等しい。

　抵抗器をつないで回路の各部分を流れる電流を求める実験をするときには,100 Ω程度の大きなものを使う。

　それは,次の理由による。電流計の抵抗値（内部抵抗）は小さい。そのため,回路の抵抗器の抵抗値が電流計の内部抵抗の抵抗値と同程度の大きさのときには,回路に電流計をつないだことにより回路を流れる電流が大きく変化するためである。

2-4 並列つなぎの回路の電流の測定

用意するもの 乾電池ボックス（電池の入ったもの），導線（短いもの6本，長いもの2本），抵抗器（2個），電流計

実験方法

（1）図Ⅲ－13の回路を組む。
（2）電流計の接続方法にしたがって，点aに電流計を接続する。
（3）点aの電流を測定する。
（4）点aに接続してある電流計を取り除き，回路を元の状態（図Ⅲ－13）に接続しなおす。
（5）同様にして，点b，点cの電流を測定する。
（6）点a，点b，点cを流れる電流の大きさを比較する。

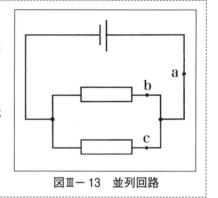

図Ⅲ－13 並列回路

実験結果

点aを流れる電流は，点b，点cを流れる電流の和に等しい。

単に結果を記録させるだけでなく，さらに「並列回路では，回路に分かれ道が生じる。分かれ道では，分かれ道に流れ込む電流を足し合わせた値とその分かれ道から流れ出る電流を足し合わせた値は等しい」と，キルヒホッフの一つ目の法則を言葉で記録させる。

図Ⅲ－13のような分岐点のある回路を流れている電流を測定する場合は，三つの端子が付いた器具を二つ用いると，図Ⅲ－14のように電流計のつなぎ換えの操作が容易にできる。回路を組むのが苦手な生徒に，この器具を使わせると，自ら配線をして電流を測定できる。

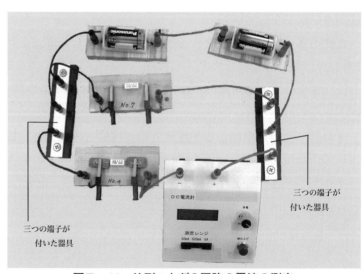

図Ⅲ－14 並列つなぎの回路の電流の測定

2-5　電圧計の接続方法[6]

接続手順

（1）　図Ⅲ－15（A）の2点間bcの電圧を調べたいとする。約束にしたがって，はじめは
　　　電圧計を使わず，図Ⅲ－15（A）の回路を組む。
（2）　電圧計は回路の2点間の電圧を測定する測定器である。測定したい2点bとcのうち，
　　　電源の＋極に近い方と電圧計の＋極の端子を導線で接続し，電源の－極に近い方と電圧計
　　　の－極の端子を導線で接続する。すなわち，図Ⅲ－15（B）のように，点bと電圧計の
　　　＋端子，点cと電圧計の－端子を導線で接続する。

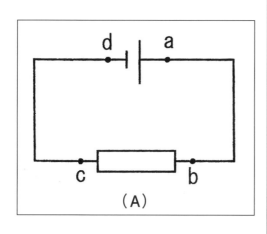

（A）

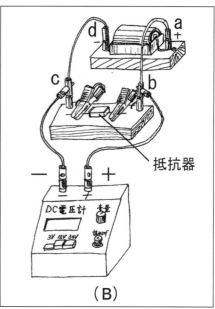

抵抗器

（B）

図Ⅲ－15　電圧計の接続

2-6 回路の2点間の電圧の測定

用意するもの 乾電池ボックス(電池の入ったもの),導線(短いもの2本,長いもの2本),抵抗器,電圧計

実験方法

(1) 図Ⅲ-15(A)の回路を組む。
(2) ab間に電圧計を接続し電圧を測る。
(3) bc間に電圧計を接続し電圧を測る。
(4) cd間に電圧計を接続し電圧を測る。
(5) ad間に電圧計を接続し電圧を測る。

実験結果

区間ab,cdの電圧は0Vである。

ad間の電圧(起電力)とbc間の電圧(抵抗器にかかる電圧)は等しい。

導線には電圧がかからないこと,電源の電圧と抵抗にかかる電圧が等しくなることがわかる。回路の電圧を測定するときは,電池の電圧と抵抗器にかかる電圧を測定すればよい。

回路に複数の抵抗器がある(直列,並列を問わない)ときも,電池の電圧と各抵抗器にかかる電圧だけを測定すればよい。そうすると,一般に以下の結果が得られる。

「電源の＋極から回路をたどって電源の－極に至る。このとき,回路をたどったときに通った抵抗器にかかる電圧の和は,電源の電圧に等しい」が得られる。この言葉も記録させる。この結果はキルヒホッフの二つ目の法則である。

2−7　電流計と電圧計を同時につなぐときの注意[7]

　電流計の内部抵抗は小さい。なぜなら，内部抵抗が大きいと電流計をつないだときに，回路を流れる電流が変化してしまうからである。電圧計は内部抵抗が大きい。なぜなら，内部抵抗が小さいと電圧計をつないだときに，回路の抵抗を流れる電流が変化してしまうからである。そのため，電流計と電圧計を同時につなぐときには注意が必要である。

回路の抵抗の値が小さいとき

　図III−16のようにつなぐ。図III−17のようにつなぐと，抵抗にかかる電圧を正確に測ることはできない。なぜなら，回路の抵抗の値が電流計の内部抵抗と比べ同じ程度か小さいときは，電流計にかかる電圧は抵抗にかかる電圧と比べ無視できなくなるからである。

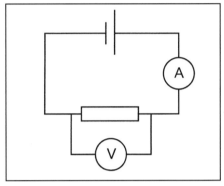

図III−16　抵抗の値が小さいとき

回路の抵抗の値が大きいとき

　図III−17のようにつなぐ。図III−16のようにつなぐと，抵抗を流れる電流を正確に測ることはできない。なぜなら，回路の抵抗の値が電圧計の内部抵抗と比べ同じ程度か大きいときは，電圧計を流れる電流は抵抗を流れる電流と比べ無視できなくなるからである。

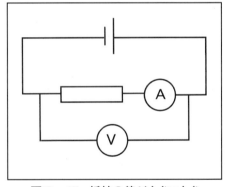

図III−17　抵抗の値が大きいとき

参考文献等
[1] 石崎喜治「中学校の電流回路（1）」，ジアース教育新社『視覚障害教育ブックレット』Vol.14，2010年，p44.
[2] デジタル感光器：東京ヘレンケラー協会から販売されている。価格44,000円
[3] 物理教育研究会：連絡先　慶應義塾高校物理科内　事務局 jimu@apej.org
[4] バナナプラグ：SHIMAZU No.157 − 800 10本組
[5] 石崎喜治「中学校の電流回路（2）」，ジアース教育新社『視覚障害教育ブックレット』Vol.21，2012年，p55.
[6] 石崎喜治「中学校の電流回路（2）」，ジアース教育新社『視覚障害教育ブックレット』Vol.21，2012年，p58.
[7] 兵頭俊夫監修，石崎喜治共著『見て体験して物理がわかる実験ガイド』学術図書出版，2007年，p130.

Ⅳ 電流と磁場

この章で紹介する器具は，電流が作る磁場の観察に使用する導線，コイル，さらに，電磁誘導の観察に使用する大型のコイル，電流が磁場から受ける力を生徒一人一人が観察できる小型の器具，そして，構造が容易に理解できる大型のモーターである。

電流が作る磁場の観察に用いるコイルは，10芯コードを使って直径が 15 cm，ピッチが 5 cm，巻き数が 4 回の大型のもので，方位磁石をコイルの中に入れることができる。

電磁誘導を観察する大型のコイルは，5,000 回ほど巻いたもので，重さは 10 kg ある。このコイルに磁石を入れたり出したりするだけで，まめ電球が明るく灯る。しかも，磁石の動きに逆らう力を手に感じることができる。仕事をしているということを実感でき，ダイナミックな実験が可能なコイルである。

大型のモーターは，構造を単純にしてあるので，整流子の仕組みが容易に理解できる。モーターがゆっくり回るときに，指先をコイルに当てるとコイルが受ける力を感じられる。

1　電流が作る磁場

1819 年，デンマークの物理学者 H.C. エルステッドは，講義で導線に電流を流す実験をしていたところ，近くに置いた方位磁石の磁針が振れたことに気づき電流と磁場の相互作用を発見した [1]。

方位磁石の磁針の振れを大きくするには，導線に大きな電流を流さなければならない。直線状の導線に流れる電流による磁場を観察するときは，流れる電流を大きくするために導線を数十回巻き，四角形のコイルにすることが多い。そのコイルの一辺を直線の導線とみなすのである。しかし，多くの生徒は，コイルを流れる電流による磁場を観察していると感じる。当然のことだと思う。杉原和男氏 [2] は，流れる電流による磁場を観察するのにすぐれた導線を開発した。製作も手軽である。

まず，杉原氏が開発した大電流を流す工夫をした導線の製作方法を述べる。その後，この教材を使った電流が作る磁場の観察方法を述べる。

1-1　導線に大電流を流す教材の製作

杉原氏が開発した教材の仕組みを説明する。

杉原氏が説明されているように，はじめに通常のコード，つまり2芯コードで考える。このコードの中の2本の導線の端を図Ⅳ-1のようにつなぐと，2回巻きのコイルになる。しかし，外見は1本のコードである。

この方法を10芯コードに適用したものが，杉原氏が開発した教材である。

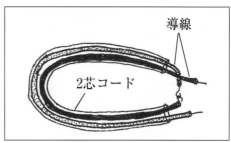

図Ⅳ-1　コードの工夫

用意するもの　10芯コード（約2.5 m），木製の板，ターミナル（赤と黒　各1個），9P端子台（必ずしも必要ではない），木ネジ（2本），ネジ付きのフック，アクリルの板，木工用ボンド，ケーブルストリッパー，ノコギリ，カッター，電動ドリル，ドライバー，カッターマット

製作方法

（1）　図Ⅳ-2のように，10芯コードの両端から約10 cmまで外側の被覆部分をカッターで切り取る。

（2）　コードの両端の被覆部分を切り取って現れた10本のそれぞれの導線（色はすべて異なる）の先端の被覆部分の約1 cmをケーブルストリッパーで剥がす。

（3）　10本の導線の接続には，図Ⅳ-3の9P端子台を用いる。ネジが対になって9列並んでいる。対のネジは導通され，つながっている。9P端子台に10本の導線のうち9本を，図Ⅳ-4のように接続する。黒と赤の色以外の導線は番号で示し，同じ番号の導線は同じ色を意味する。

＊　端子台がなくても同様な接続が可能である。その場合は，それぞれの接続部分が接触しないようにビニルテープなどで絶縁する。

（4）　図Ⅳ-5のように，木製の板に穴を開けて，2カ所にターミナルを取り付ける。このターミナルが10芯コードの端子になる。

（5）　図Ⅳ-6（a）のように，ターミナルをつけた木製の板に，9組の導線を接続した9P端子台を木ネジで固定する。10本の導線のうち端子台に接続していない，黒と赤の導線の端をターミナルに接続する。

（6）　端子台が見えないようにカバーをする。筆者は，白いアクリルの板で覆った。図Ⅳ-6（b）が完成したコードである。

（7）　木製の板のターミナルのある方の側面に収納用のフックを取り付ける。フックについているネジを利用して，ねじ込んでいく。図Ⅳ-7が収納した状態である。

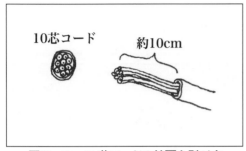

図Ⅳ-2　10芯コードの被覆を剥がす

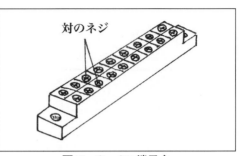

図Ⅳ-3　9P 端子台

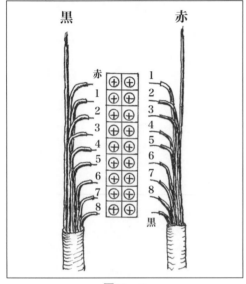

図Ⅳ-4
端子台に10本の導線を接続する方法

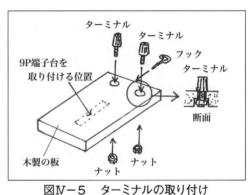

図Ⅳ-5　ターミナルの取り付け

図Ⅳ-6（a）
端子台を板に固定する

図Ⅳ-6（b）　端子台を隠す

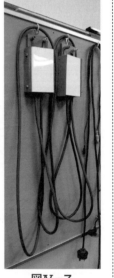

図Ⅳ-7
コードの収納

　このコードは，見かけは1本だが，実質10回巻きのコイルになる。回路に1Aの電流を流すと，コードには10Aの電流が流れる。

1-2 直線の導線に流れる電流が作る磁場の観察[3]

用意するもの 本章 1-1 で製作したコード（以後，単にコードと呼ぶ），図IV−8のように切り込みのある木製の板（板の切り込みの幅をコードの太さと等しくすると，コードをしっかり固定できる。方位磁石が見やすいようにホワイト系の塗料を塗る），方位磁石，実験スタンド，直流電源装置，接続用導線（2本）

実験方法

（1）切り込みのある木製の板を水平にして実験スタンドに固定する。

（2）図IV−8のように，板の切り込みの奥までコードを差し込む。

（3）切り込みに差し込んだコードを実験スタンドの上部で固定し，鉛直にする。

（4）コードの残りの部分は板の切り込み部分に差し込んだ鉛直部分のコードから離し，図IV−8のように，実験スタンドの柱に沿わせる。

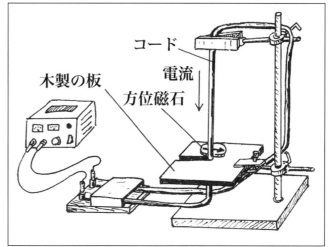

図IV−8　直線の導線に流れる電流が作る磁場を観察する装置

（5）板の切り込み部分に差し込んだ鉛直のコードに下向きの電流が流れるように，導線を使って直流電源装置とコードを接続する。

（6）水平な板の上に方位磁石を置く。

（7）電源のスイッチを入れる。

（8）板の上の方位磁石を使ってコードのまわりの磁場の向きを調べる。

（9）直流電源とつないである2本の導線をつなぎ変えて電流の向きを反対（上向き）にし，方位磁石でコードのまわりの磁場の様子を調べる。

図Ⅳ－8のように，電流が下向きに流れていると，電流が作る磁場の向きは上から見て時計まわりになり，上向きにすると，反時計まわりになる。

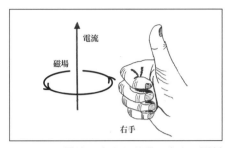

図Ⅳ－9　電流の向きと磁場の向きの関係

この結果から，電流と磁場の関係は，図Ⅳ－9のようになる。言葉でも記録する。

言葉で記録させる内容の例

直線の導線に流れる電流とその電流が作る磁場の関係

右手をグーにして，親指を立てる。親指の向きと電流の向きとを一致させると，残り4本の指先の向きが磁場の向きと一致する。

この学習には，紙面に垂直な方向の矢印を表す記号の知識があると便利である。図Ⅳ－10のように矢印の模型を作って，図Ⅳ－11の記号の由来を説明し，記憶する助けとすると良い。

この記号を使うと，図Ⅳ－12のように，電流の向きと磁場の向きを平面図で表すことができる。

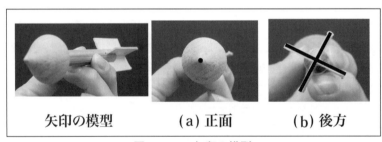

矢印の模型　　　　（a）正面　　　　（b）後方

図Ⅳ－10　矢印の模型

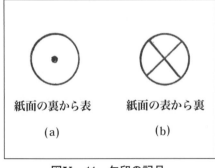

紙面の裏から表　　紙面の表から裏

（a）　　　　　　（b）

図Ⅳ－11　矢印の記号

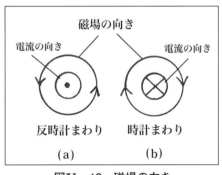

図Ⅳ－12　磁場の向き

1-3　10芯コードを使ったコイルの製作

10芯コードを使って見かけの巻き数が4回のコイルを作った。このコイルを3方向から撮影したものが図Ⅳ-13（a）～（c）である。作ったコイルは直径が15 cm，ピッチが5 cmである。このようにすると，コイルの中に大きな方位磁石を置くことができ，コイルの外から方位磁石の磁針を見ることもできる。

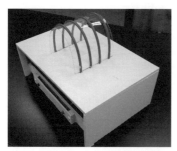

図Ⅳ-13（a）　上から見たコイル

図Ⅳ-13（b）　正面から見たコイル

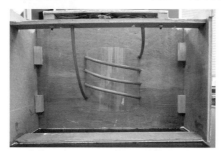

図Ⅳ-13（c）　裏側から見たコイル

このコイルを作るときに工夫したポイントは二つである。

一つは10芯コードをコイル状に固定する工夫，もう一つは，コイルの形状を容易に見

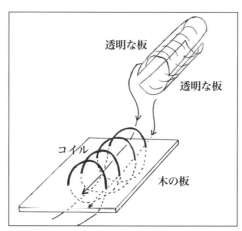

図Ⅳ-14（a）　コイルの内側に透明な板を入れる

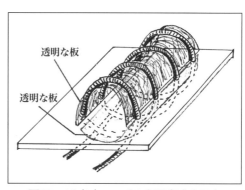

図Ⅳ-14（b）　コイルを固定する工夫

せる工夫である。

　コードを固定するために，図IV − 14（ a ），（ b ）のように，コイルの内側に透明な板（硬質塩化ビニル板　厚さ 0.5 mm）を入れた状態でコードを張り，透明な板を半円筒形にする。このようにしてコードを台に固定すると，コードは透明な板の外側の壁面に沿って密着する。

1−4　コイルを流れる電流が作る磁場の観察

用意するもの　上記で製作したコイル，方位磁石，直流電源装置，接続用導線（ 2 本）

実験方法

（ 1 ）　コイルと直流電源装置を導線で接続する。
（ 2 ）　電源のスイッチを ON にしたときに，コイルに流れる電流の向きが正面から見てどちらまわりになるかを確認する。
（ 3 ）　コイルの中に方位磁石を置く。
（ 4 ）　電源のスイッチを ON にする。
（ 5 ）　方位磁石の磁針の向きを観察して，磁場の向きを調べる。

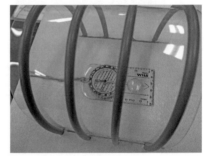

図IV − 15
コイルに生じる磁場を観察する

（ 6 ）　方位磁石をゆっくりコイルのまわりへ移動させて磁針の向きを観察し，コイルのまわりの磁場の向きも調べる。
（ 7 ）　直流電源装置に接続してある 2 本の導線をつなぎ変えてコイルに流れる電流の向きを反対にし，同様に，コイルのまわりの磁場を観察する。

実験結果

　コイルを流れる電流の向きとコイルの中の磁場の向きは，図IV − 16 のようになる。

　言葉でも記録する。

言葉で記録させる内容の例

　コイルを流れる電流と , この電流が作る磁場の関係
　右手をグーにして，親指を立てる。4 本の指先の向きをコイルに流れる電流の向きと一致させると，親指の向きがコイルの中の磁場の向きと一致する。

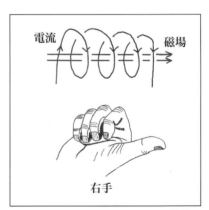

図IV − 16　コイルのまわりの磁場

2　電磁誘導

　エルステッドが電流により磁場を生じる現象を発見した後，磁場が電流を作り出すのではないかと，その可能性を多くの研究者が探求した。イギリスのマイケル・ファラデーは，試行錯誤の末に，磁場を変化させるときに，回路に起電力が生じること（電磁誘導）を発見した[4]。1831年のことであった。アメリカのジョセフ・ヘンリーもファラデーと独立に発見している。ヘンリーの報告は1832年であるが，ファラデーよりも早く発見したとされている[5]。

　この電磁誘導の現象を顕著にする一つの方法は，太いホルマル線（導線をコーティングして被覆したもの）を多く巻いたコイルを使うことである。戸田一郎氏[6]は，太さ0.6 mmほどのホルマル線を10,150回巻いたコイルを作った。コイルの重さは10 kgにもなる。

　戸田氏が住む富山県まで何回も通い，自作のいろいろな器具を使った実験を見学させていただいた。そのなかでも印象に残っている器具が，このコイルである。コイルとつながれたダイオードが単に発光するだけでなく，手に持った磁石をコイルの中へ押し入れたり，コイルの中から引き出したりするときに，磁石の動きに逆らう力を手に感じることができるのだ。コイルに磁石を入れたり出したりするだけで手応えを感じられる体験はこれが初めてであった。このコイルを使った電磁誘導の実験は，教育効果が絶大である。1990年，筆者も同様のコイルを製作した。重さは戸田氏のコイルと同じ10 kgである。自作のコイルにまめ電球をつなぐと明るく灯った。これには驚いた。コイルに磁石を入れたり出したりすると手応えも感じることができた。製作には大変手間がかかるが，手間をかけただけの価値は十分にある。

　まず，このコイルの製作方法を説明する。

2−1　大型コイルの製作

　筆者は，直径1.0 mmのホルマル線10 kgを使ってコイルを製作した。巻き数は4,575回にもなる（抵抗値23 Ω）。コイルは完成すると重さが10 kgを超えるので，コイルの芯となる筒を手に持ってホルマル線を巻くような方法ではこのコイルを作ることはできない。そのため巻き上げ機を作るところから始めなければならない。巻き上げ機でホルマル線を巻いた後，巻き上げ機の一部を切断してコイルを完成させる。

図IV− 17　コイル

ホルマル線をきれいに巻くためには，一日に巻く回数（200回程度）を決めて，それ以上巻かないと決意することが大切である。一日に巻く回数が少なければ丁寧に巻ける。このコイルの製作は，教材を作った経験の中でも最も忍耐のいる作業だった。

2−1−1 巻き上げ機の製作

　巻き上げ機の完成品は，図Ⅳ−18である。図Ⅳ−19は，その断面図である。

| 用意するもの | 塩化ビニルパイプA（内径40mm，外径48mm，長さ600mm），塩化ビニルパイプB（内径48mm，外径55mm，長さ170mm，図Ⅳ−19のa,bの材料），長ネジ（頭部のないボルト，太さ10mm，長さ約150mm，2本），ナット（長ネジと同じピッチのもの，8個），木製の板（厚さ20mm，240mm×280mm，2枚，コイルの外枠の材料），木製の丸棒（太さ約30mm，長さ200mm，柄の材料），塩化ビニル用接着剤，ノコギリ，電動ドリル，塗料，塗料用の容器（使い捨て），はけ，糸ノコ，ペンチ（2個） |

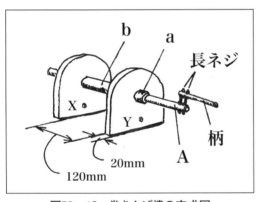

図Ⅳ−18　巻き上げ機の完成図

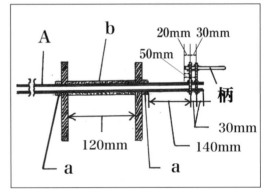

図Ⅳ−19　巻き上げ機の断面図

製作方法

（1）　図Ⅳ−20のように，木の板を切り取る。この板を2枚作る。これがコイルの外枠になる。板の穴（直径48mm）は，糸ノコで開ける。ターミナル用の穴は，電動ドリルで開ける。

（2）　この板に塗料を塗る。

（3）　図Ⅳ−21のように，パイプAの右端からそれぞれ30mm，60mmのところに長ネジを通す穴を開ける。長ネジは，回転させるための柄（取手）をパイプA（回転軸）に固定する役割をする。

（4）　図Ⅳ−21のように，パイプBを長さ25mmのもの2本（a）と120mmのもの1本（b）に切り取る。

（5）　丸棒（柄）を，図Ⅳ−19のように左端からそれぞれ20mm，50mmのところに長

ネジを通す穴を開ける。

（6）（1）〜（5）で製作した各部品を図Ⅳ−22のように組み立てる。パイプA，a，b
　　と外枠の板を塩化ビニル用の接着剤で接着する。外枠になる板の底の部分XとYは，平行
　　にする。そのため，平らな台の上に二つの外枠を置いて組み立てるとよい。この図の各部
　　分のサイズの比率は実際のものとは異なる。組み立てた装置の断面は，図Ⅳ−19になる。

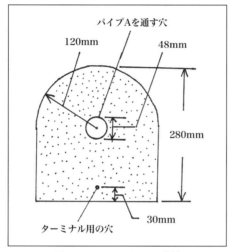

図Ⅳ− 20　コイルの外枠

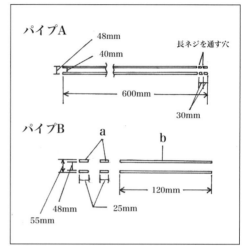

図Ⅳ− 21　パイプの加工

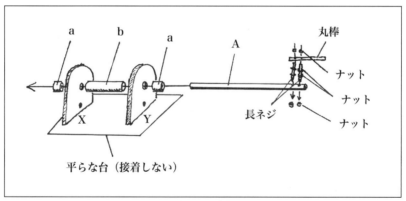

図Ⅳ− 22　巻き上げ機の組み立て

2-1-2 ホルマル線の巻き方

　ホルマル線は，太さ 1.0 mm，重さ 10 kg を購入する。図Ⅳ - 23 のように，ホルマル線は一つのボビンに巻かれている。

用意するもの　製作した巻き上げ機，ホルマル線（太さ 1.0 mm，重さ 10 kg），クランプ，紙（できればケント紙のような少し厚めのもの），ハサミ，ロウ，はけ，電熱器，空き缶，ビニルテープ，ペンチ，図Ⅳ - 24 に示すように，ホルマル線のボビンを支える箱（例えば牛乳パックの梱包用プラスチックの箱），巻き上げ機を支える箱（例えば折りたためる梱包用プラスチックの箱），棒（ボビンの穴に通してホルマル線を支える），割り箸や木の切れはし

図Ⅳ- 23　ボビンのホルマル線

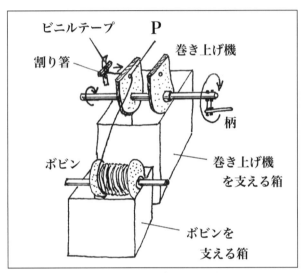

図Ⅳ- 24　巻き上げる装置の全体像

巻き上げ手順

（製作者が右利きの場合について説明する。左利きの場合は，装置の配置を左右逆にし，説明文の右と左を入れ替えて読む。）

（1）　巻き上げ機とホルマル線のボビンを，二つの箱を使って図Ⅳ - 24 のように配置する。

（2）　コイルの外枠（木の板）のターミナルを差し込むための左側の穴（図中の P）に，ホルマル線の先端を内側から外側に向けて 50 mm ほど通す。

（3）　通したホルマル線の先端を割り箸などに巻き，その割り箸をビニルテープなどでコイルの外枠の外側に貼り付けて，ホルマル線の端を固定する。

（4）　ホルマル線を巻く人の位置は，図Ⅳ - 24 の手前になる。巻き機につながっているホルマル線を左手で軽くボビンの方へ引いてホルマル線を張った状態に保ちながら，右手で柄を回す。この操作でホルマル線をパイプに巻いていくことができる。ホルマル線を外枠の左端（P 側）から右端に達するまで巻きつけていく。

（5）　右端に達したら，今度は右端から左端に向かって巻きつけていく。完璧に巻けることは
　　　まずない。凹凸ができる。

（6）　凹凸が目立ってきたら，平らになるようにロウで埋める作業をする。

（7）　ロウで埋める作業をするときは，必ずホルマル線を固定する。固定の方法は，まずホル
　　　マル線を右端，あるいは，左端まで巻く。ここでは，左端まで巻いたとして説明する。図
　　　Ⅳ－25のように，張った状態のホルマル線を外枠の内側にクランプで固定する。

（8）　電熱器で温めたロウを少しハケに取り，平らになるように埋めていく。ロウをはけにつ
　　　けすぎると，却って凹凸を作ってしまうので注意する。

（9）　このように処理をしても凹凸が生じる。そのときは，図Ⅳ－26のように，紙を使う。
　　　一辺が12cm（コイルの長さ）の長方形に紙を切り取り，巻いてあるホルマル線をこの紙
　　　でしっかり覆う。紙は円筒形になるように心がける。紙はビニルテープで固定する。

（10）　この作業を，ホルマル線をすべて巻き上げるまで行う。巻いた回数を日々記録する。

（11）　ホルマル線の最後の一巻きは，図Ⅳ－27のように，ピッチを大きくする。このように
　　　すると，コイルの巻いてある向きが容易にわかる。

（12）　この説明では，ホルマル線を左端から巻き始めたので，巻き終わりは，右端になる。ホ
　　　ルマル線を右側の外枠の内側にクランプで固定する。

＊筆者が製作したコイルの巻き数は，4,575回，抵抗値は23Ωである。

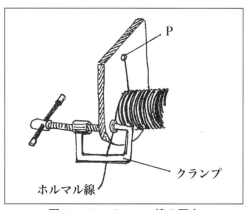

図Ⅳ－25　ホルマル線の固定

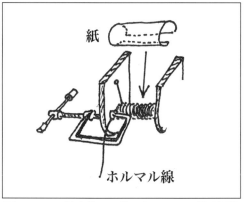

図Ⅳ－26　紙を使って巻いたホルマル線を覆う

図Ⅳ－27　最後の一巻き

2−1−3　コイルの組み立て

用意するもの　ホルマル線を巻き上げた巻き上げ機，ターミナル (赤と黒 各1個)，コイルの底にする木製の板 (厚さ 20 mm, 200 mm × 260 mm)，ペンチ，木工用ボンド，紙ヤスリ，塗料，はけ，ノコギリ，はんだ，はんだごて

組み立て手順

（1）　図Ⅳ−28のように，塩化ビニルパイプＡの2カ所を切り取る。
（2）　ビニルテープで固定してあるホルマル線の端を外枠の板の穴Ｐから取り出す。
（3）　二つの外枠の板の穴にターミナルを固定する。
（4）　右側の外枠に取り付けたクランプを取り除く。
（5）　ホルマル線とターミナルをはんだ付けする部分のホルマル線の被覆部分を紙ヤスリで剥がす。
（6）　ホルマル線の被覆を剥がした部分とターミナルを，それぞれはんだ付けをする。
（7）　それぞれのホルマル線の余分な部分をペンチで切断する。
（8）　コイルの底にする板を外枠と同じ色の塗料で塗る。
（9）　コイルの本体と底にする板を木工用ボンドで接着する。
（10）　コイルの一部分にビニルテープを巻き，ホルマル線がズレないようにする。

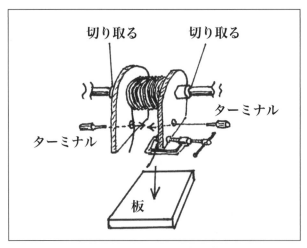

図Ⅳ−28　コイルの組み立て

2−2 大型コイルを使ってまめ電球をつける実験

　製作した大型のコイルの性能を十分に引き出すためには，磁石の選択が重要になる。強力な磁石を用いることはもちろんであるが，もう一つ重要なのが，磁石の大きさである。コイルの空洞に磁石を入れたときに，コイルの内側の内壁と磁石の隙間を可能な限り狭くなるような太い磁石を用いる。この理由は，後の［参考］「コイルと磁石について」で述べる。

　コイルとまめ電球をつなぎ，手に持った磁石をコイルの中へ押し入れたり，コイルの中から引き出したりする。すると，まめ電球さえも明るく灯る。さらに，磁石の動きに逆らう力も感じることができる。

　手に持った磁石をコイルの中に入れたり出したりするときに反発力を受けることは，生徒に前もって言わない方が良い。生徒に実験をさせたときの驚きの反応を他の生徒が見ると印象に残る。

用意するもの　製作したコイル，ネオジム磁石（1個，直径 35 mm，長さ 40 mm，例えば，Magfine［マグファイン］カタログ番号　ND1095，この磁石は強力なので，取り扱いには十分気を付ける。磁石の取扱書をよく読んで扱う。），鉄製のボルト（M12 長さ 200 mm），接続用の導線（2 本），コイルとつなぐもの（プロペラの付いた太陽電池用モーター，まめ電球（3.8 V 0.3 A か 6.3 V 0.15 A），発光ダイオードなど），ヤスリ（あらかじめ，ボルトの頭（六角形になった部分）をヤスリで平らに削る）

実験方法

（1）　図IV − 29 のように，ボルトの柄にする方をビニルテープで巻く。
（2）　コイルとまめ電球などの負荷を導線でつなぐ。
（3）　図IV − 29 のように，ボルトの頭にネオジム磁石をつける。
（4）　磁石をコイルの中に押し入れたり引き出したりする。
（5）　磁石を動かす速さを変えて行う。
（6）　コイルに何もつながないときも行う。

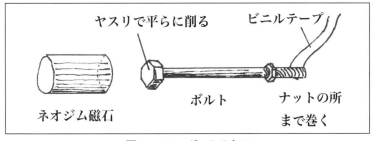

図IV − 29　ボルトの加工

　プロペラ付きのモーターをつないだときは，プロペラが乾電池につないだときのように良くまわる。磁石を押し入れるときと引き出すときとで，プロペラのまわる向きが逆になる。まめ電球をつないだときは，明るく灯る。磁石の動きが速いほどまめ電球が明るく灯る。磁石をコイルの中で動かすと磁石から動きと逆向きの力を受ける。コイルに何もつないでいないときには，磁石はなめらかに動き，力は感じない。

図Ⅳ−30　電磁誘導の実験

　発光ダイオードや圧電ブザーは，極性があり一方向にのみ電流が流れる。この性質を利用すると，これらをつないでコイルを流れる電流の向きを特定することができる。

[参考] コイルと磁石について

　大型のコイルを製作しても，そのコイルに見合った磁石を使わないと思ったほどの電磁誘導の効果は現れない。大型のコイルを有効に使うには，（1）磁石は可能な限り強力なものを使うこと，（2）コイルの内壁と磁石との隙間が可能な限り少ないこと，が重要である。強力な磁石を使う理由は明らかであろう。（2）の理由を述べる。

　隙間があると，磁石の磁極周辺の磁力線がコイルの内壁の内側で閉じてしまう。この磁力線は，磁石がコイル内で移動しているときも，コイルを貫く磁場の変化には寄与しない。そのため，誘導起電力には全く寄与しない。

　また，コイルの中心部から離れた部分の導線が，電磁誘導に寄与するのは，これらの導線よりも外側まで達している磁力線だけである。したがって，強い磁石を使う。

　強い磁石が手に入らないときは，ホルマル線（導線）を巻きすぎても良くないことがわかる。それどころか，コイル全体の導線の長さが長くなるので抵抗値は大きくなり，コイルの両端の電位差は小さくなり，電磁誘導の効果が小さくなってしまう。

3　磁場中の電流が磁場から受ける力

　紹介する実験器具は,廣井禎氏[7]に教えていただいた。この器具は非常にコンパクトで,生徒実験に向いている。製作も手軽である。

3−1　教材の製作

製作する教材の完成図が図IV − 32 である。その材料を図IV − 31 に示す。

用意するもの　（1セット分）　木製の板 A（130 mm × 150 mm × 10 mm）,木製の板 B（40 mm × 130 mm × 10 mm, 2枚）,アルミニウムのアングル（長さ 150 mm,厚さ 3 mm, 2本）,木ネジ（アングルを板に固定するためのもの, 6 本）,ターミナル（赤, 黒）,木工用ボンド,電動ドリル,ポンチ,ハンマー,ドライバー,ペンチ

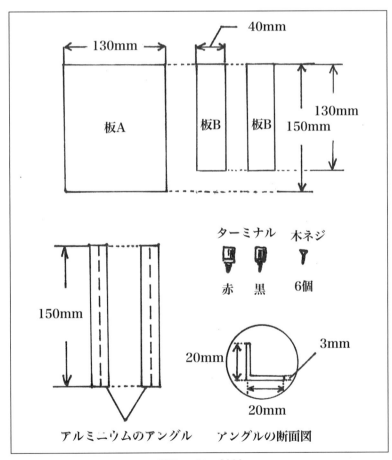

図IV− 31　材料

（1） 図Ⅳ－32のように，レールの役目をする2本のアルミニウムのアングルにそれぞれ3カ所に木ネジ用の穴を電動ドリルで開ける。穴を開ける方法は，「付録3 金属に穴を開ける方法」に示してある。

（2） レールに開けた穴に，図Ⅳ－33（a）のように，さらに電動ドリルでわずかに大きな穴を2mmほどの深さまで削る。このようにすると，穴に木ネジを通して板Bに固定したとき，ネジの頭が突起しない。

（3） 図Ⅳ－33（b）のように，2本のアングルの一端に，ターミナルを取り付ける穴をそれぞれ一つずつ電動ドリルで開ける。

（4） それぞれのアングルにターミナルを1個ずつ固定する。

（5） 図Ⅳ－32のように，板Aに2枚の板Bを木工用ボンドで固定する。

（6） 図Ⅳ－32のように，2枚の板Bにそれぞれアングルを木ネジで固定する。板Bを用いる理由は，もし，板Bがないと，2本のアングルの間に磁石を置いたときに，2本のアングルと磁石が接触して電流が流れてしまうことがあるからだ。

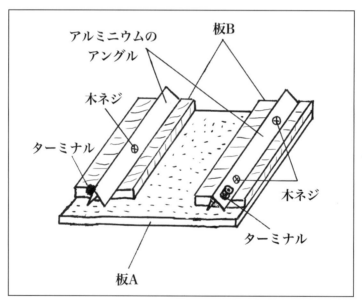

図Ⅳ－32　完成図

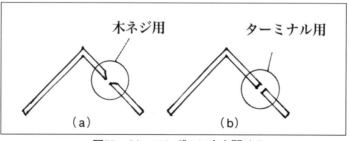

図Ⅳ－33　アングルに穴を開ける

3-2　電流が磁場から受ける力の観察

　この観察は，器具を生徒の人数分用意する。教師は，生徒が授業時間内に器具を使いこなし，自分の力で観察が行えるように，授業を進める。そのため，「付録１　電気回路の最初の授業」で示しているように，授業のはじめに器具の使い方と実験の目的の説明を徹底する。説明しているときの各生徒の反応を見て，各生徒の力量を把握し，実験のときに見守る生徒を見極める。

　図IV - 34 が実験装置である。ただし，この装置は図IV - 32 の装置より大きい。

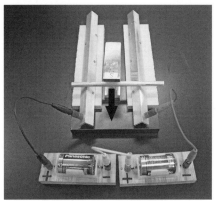

図IV - 34　実験装置

用意するもの　（一人分）　3-1 で製作した器具，アルニコ磁石，アルミニウムのパイプ（長さ約 130 mm　軽いもの），単I用電池ボックス（乾電池の入ったもの　2個），接続用導線（3本），方位磁石，紙ヤスリ

実験方法

（1）　図IV - 35 のように，アルニコ磁石の磁極間の磁場の向きを調べる。方位磁石の針の向きが磁場の向きになる。

（2）　磁場の向きが上向きになるように，アルニコ磁石を机の上に置く。このとき，磁石のS極が上になっている。

（3）　3-1 で製作した器具を，二つのターミナルが手前になるように置く。

（4）　乾電池2個を直列につないだものを電源にする。

（5）　図IV - 36 のように，向かって左側のアングルのターミナルと電源の＋極を，右側のターミナルと電源の－極を導線で接続する。

（6）　机に置いてあるアルニコ磁石を，S極が上のままの状態でかつ，磁石の持ち手が奥になるようにアングルの間に置く。この様子を示した図が，図IV - 36 である。このように配置するとアングルの上に横たえるパイプがアングル上を動くときに，パイプがアングルから転げ落ちない。

（7）　すべての生徒がアングルの間に磁石を置いたら，教師は磁石のS極が上になっていることを確認する。

（8）　2本のアングルにアルミニウムのパイプを横たえる。アングルとパイプは直角になるようにする。パイプを流れる電流の向きを生徒に問う。（生徒から見て右向きに流れる）

（9）　横たえたパイプが手前に動くことを確認する。パイプは動き始めた向きに力を受けているので，パイプは奥から手前に向かって力を受けている。このとき，磁場の向きは上向き，

電流は向かって右向き，電流が磁場から受けている力の向きは手前になる。
（10）　磁場が上向きのままで電流が左向きのときのパイプが受ける力の向きと，磁場が下向きで電流が右向きと左向きのときのパイプが受ける力の向きを，それぞれ生徒に調べさせる。

　棒が動かないときは，アングルとパイプの間に接触不良が生じパイプに電流が流れていない可能性が考えられる。アングルやパイプを紙ヤスリで削り，酸化膜を取る。

図IV－35
磁石の磁極間の磁場の向き

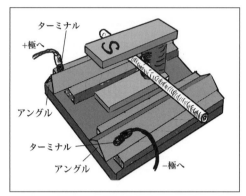

図IV－36　磁石を台に置く

実験結果

磁場が上向きのとき
　電流は右向き　力の向き　手前
　電流は左向き　力の向き　奥
磁場が下向きのとき
　電流が右向き　力の向き　奥
　電流が左向き　力の向き　手前
どの場合も，図IV－37のフレミングの左手の法則で説明できる。

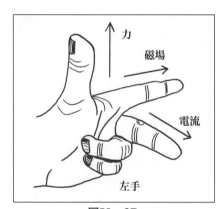

図IV－37
フレミングの左手の法則

　フレミングの左手の法則を言葉でも記録する。観察したどの結果も，この関係が成り立つことを生徒に確認させる。

言葉で表現した例

　左手をグーにする。親指を立て，人差指を前方に突き出し，このままの状態で中指を右に伸ばす。この手の形を保ったまま，人差し指を磁場の向き，中指を電流の向きに一致させると，親指の向きが電流の受ける力の向きに一致する。

4　モーター

　モーターは，日常生活に欠かせない叡智が詰まった機械である。例えば，洗濯機，冷蔵庫，エアコンなどの家電製品の他，発電機や車両の動力などいろいろなものに使われている。そのモーターの仕組みを生徒にぜひ理解させたい。

図Ⅳ－38　モーター

　触って構造が理解できる大型のモーターを自作しようとしたが全く回らなかった。回り続ける原理を実物で理解させたいと思い，エンジニアの友人[8]にモーターの製作を依頼した。図Ⅳ－38が完成品である。よく回転する。

　自作したいと思う読者のために，友人が工夫したポイントを紹介する。ポイントは二つ，（1）コイルのトルクを大きくすること，（2）摩擦を小さくすること，である。

　コイルのトルクを大きくする工夫は，磁石とコイルの両方が関係する。磁石は磁力が強く面積が大きいものを使う。磁石の磁極の長い辺をコイルの回転軸と平行にする。回転軸と平行なコイルの辺を磁石の長さまで長くする。回転軸と垂直なコイルの辺も長くして回転半径を大きくする。コイルの巻き数を増やすとトルクを大きくすることができるが，単純な構造のモーターにしたいのであまり増やしたくはない。

　摩擦を小さくする工夫には，摩擦の主な原因となる回転軸と軸受，整流子とブラシの間を滑らかにする必要がある。筆者は，回転軸と軸受の摩擦を小さくしようとベアリングを用いたが，友人によるとこれがいけなかったらしい。このモーターは，トルクを大きくする工夫をしてあっても，そもそもトルクは小さい。ベアリングはかえって摩擦を大きくするという。ベアリングのグリスは，回転し始めるまで大きな摩擦となるそうだ。回転軸と軸受には粘性の小さいオイルを使うのがベターだそうだ。ブラシは通常用いられているものではなく，図Ⅳ－39のように，金属板の一部を凸にしてブラシにし，整流子との接触面を小さくし，摩擦を小さくしたという。

　これらの工夫によって，回転初期の大きな摩擦にトルクが打ち勝って容易に回転するモーターになった。このモーターと同サイズの交流のモーターを武捨賢太郎氏[9]が自作している。

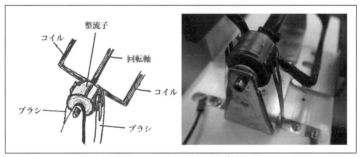

図Ⅳ－39　整流子とブラシ

用意するもの 大型モーター，導線（3本），単I電池ボックス（乾電池の入ったもの　2個）

観察方法

（1）　乾電池2個を直列につなぐ。
（2）　乾電池をモーターにつなぐ。
（3）　コイルの面を水平な状態にする。
（4）　コイルに指先を触れた状態を保ちながら，コイルが回転するのにまかせながらコイルが
　　　受ける力の向きを観察する。

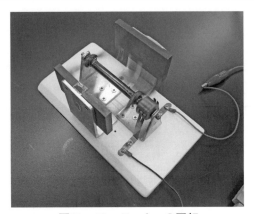

図Ⅳ- 40　モーターの回転

観察結果

　コイルが回転するのにまかせて観察を続けると，コイルの面が鉛直になったときに，コイルを触れている指先に力を感じない。コイルは磁場から力を受けない。コイルを回転していた向きに，指先でコイルを少し回転させると，再びコイルが同じ向きに回転を続ける力を指先に感じる。コイルが1回転するまで指先でコイルが受ける力を観察すると，コイルの面が鉛直になるとき以外は，常に同じ向きに回転する力を感じる。

　このように，モーターのコイルは，コイルの面が鉛直になるとき以外は，同じ向きに回転し続ける力を受ける。

4-2 モーターが回転する原理

コイルが同じ向きに回転する力を受ける仕組みを記す。

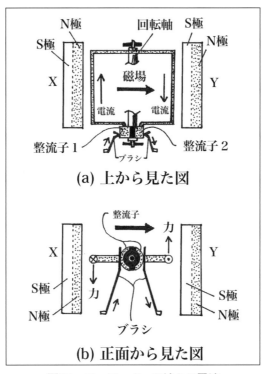

(a) 上から見た図

(b) 正面から見た図

図IV-41 モーターに流れる電流

　図IV-41(a)は，モーターを上から見た図で，図IV-41(b)は，正面から見た図である。ただし，簡単のために，コイルは一巻きとし，回転軸は描いていない。コイルの両端と整流子1，2（導体でできている）はつながっていて，ともに回転軸に固定され一体となって回転する。二つのブラシは，モーター本体に固定されている。

　コイルに流れる電流が図IV-42（a）のように時計まわりに流れているとき，モーターの中の電流は，モーターの端子P→ブラシ1→整流子1→A→B→C→D→整流子2→ブラシ2→モーターの端子Qとなる。

　コイルは，二つの磁石XYに挟まれた磁場の中にある。この磁場の向きは，X→Yである。コイルのAB，CDの部分を流れる電流は，磁場から力を受け，コイルのAD，BCの部分は磁場から力を受けない（電流の向きと磁場の向きが平行の部分は力を受けないことがわかっている）。

　コイルのABの部分が磁場から受ける力の向きは，フレミングの左手の法則より下向き，CDの部分は上向きで図IV-42（b）のようになる。

次に，コイルが磁場から受けている力で少し回転したときの，コイルを流れる電流が磁場から受ける力の向きを考える。ここで重要なのが，ブラシ１とブラシ２が整流子１と整流子２のどちらと接触しているかである。これによって，コイルのAB，CDを流れる電流の向きが決まるからだ。図Ⅳ－43（ａ）のときを考える。この図は，モーターを正面から見た図Ⅳ－42（ｂ）のコイル，整流子，ブラシの部分だけを抜き出して描いたものである。図Ⅳ－43（ａ）の状態では，ブラシ１が整流子１と，ブラシ２が整流子２と接触している。つまり，図Ⅳ－42（ｂ）のように，コイルが水平なときのブラシと整流子の接触している組み合わせと変わらない。したがって，図

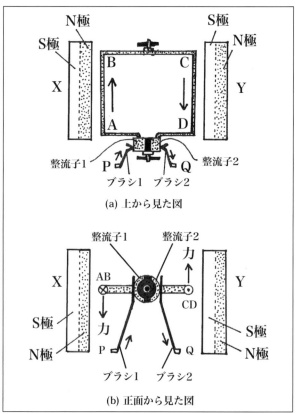

図Ⅳ－42　コイルが磁場から受ける力の向き（その１）

Ⅳ－43（ａ）のコイルを流れる電流の向きは，図Ⅳ－42（ｂ）と変わらず，コイルが磁場から受ける力の向きも変わらない。よって，ABは下向き，CDは上向きのままである。このことから，コイルの面が最初に鉛直になる図Ⅳ－43（ｂ）の状態になるまでは，コイルを流れる電流の向きは変わらず，コイルは磁場から同じ向きに力を受け続ける。コイルの面が図Ⅳ－43（ｂ）のように鉛直になったときは，ブラシ１，２のいずれも，整流子１，２と接触しないので，コイルに電流は流れない。したがって，コイルは，磁場から力を受けない。しかし，コイルはいきおいで回転し，再びコイルに電流が流れ，コイルは磁場から力を受ける。このとき，コイルは図Ⅳ－43（ｃ）のような状態になる。ブラシ１，２と整流子１，２の接触する組み合わせは図Ⅳ－43（ａ）とは逆になり，コイルを流れる電流の向きも逆向きになる。そのためコイルのAB，CDの部分が磁場から受ける力の向きも逆になり，図Ⅳ－43（ｃ）のように，AB部分は上向き，CD部分は下向きになる。もうおわかりのように，コイルは回転し続ける。

　コイルの面が鉛直のときに，指先に力を感じなかった理由がわかる。ブラシと整流子は，コイルに流れる電流の向きを変えるスイッチになっている。コイルの面が鉛直のとき，スイッチの切り替えの瞬間になっているのだ。このタイミングでコイルに流れる電流の向きを切り替えるためには，コイルの面と整流子１，２の間の二つの隙間を通る直線（図

Ⅳ − 43（ｄ）のRS）が垂直になっていなければならない。このように，モーターはフレミングの左手の法則を巧みに利用している。

　巧妙に作られているモーターは，ハンガリーのイェドリク・アーニョシュ（1828年）[10]の発明である。

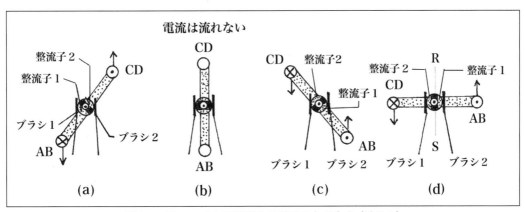

図Ⅳ− 43　コイルが磁場から受ける力の向き（その２）

4-3 発電機

用意するもの 上記で使った大型モーター，導線（2本），電流計

実験方法

（1）　大型モーターと電流計を導線でつなぐ。

（2）　電流計の測定範囲を 500 mA にする。

（3）　大型モーターのコイルの部分に指先を触れ，コイルを回す。

（4）　電流計の針が振れるのを観察する。

（5）　コイルの回転を速くする。このときの電流計の針の振れを観察する。

（6）　コイルが回っていないときの電流計の針の振れを観察する。

実験結果

　使ったモーターでは，（4）で 70 mA，（5）で 500 mA であった。コイルを回転させる速さを速くすると電流計を流れる電流が大きくなる。コイルが回転していないときは，電流計を流れる電流は，0 A である。

　電圧を計りたいので，電圧計を使いたいが電圧計の内部抵抗が大きいため感度がよくない。このモーターで発生する電圧は小さい。そのため内部抵抗が小さい電流計を使った。

　このように，モーターは発電機にもなる。

　実際の発電では，巨大なモーターを回転させて発電する。一般に発電所で発電した電気をすべてためる蓄電池は作れないので，電気を使用するときに発電している。

参考文献等

[1] 米沢富美子他『人物でよむ物理法則の事典』朝倉書店，2015 年，p50.

[2] 杉原和男「大電流電線による電磁気の実験」，東レ科学振興会『平成 4 年度（第 24 回）東レ理科教育賞受賞作品集』1993 年，p17.

[3] 石崎喜治「大電流を用いた磁界の実験」，日本視覚障害理科教育研究会『JASEB NEWS LETTER』No.11-12 合併号，1993 年，p104.

[4] 米沢富美子他『人物でよむ物理法則の事典』朝倉書店，2015 年，p282.

[5] 米沢富美子他『人物でよむ物理法則の事典』朝倉書店，2015 年，p351.

[6] 戸田一郎氏（元富山第一高等学校）が教育用の大型コイルを製作した。筆者は，そのコイルを参考にして作った。ホルマル線をきれいに巻くコツも教えていただいた。

[7] 廣井禎氏（元筑波大学附属高等学校）にこの教材を教えていただいた。

[8]（有）エイベ　問い合わせ先：a-be@mbf.nifty.com

[9] 武捨賢太郎「モーターと発電機の模型を自作した」，物理教育研究会『物理教育通信』No.172，2018 年，p25.

[10] ロバート・ウィンストン編著，藤井留美訳『世界科学史大年表』柊風舎，2015 年，p107.

V

大気圧と水圧

　ヒマラヤの標高 8,000m を超える山頂から日本人の登山家がパラグライダーで飛び降りた。その後の状況は，その登山家にとって予想したものとは違ったそうだ。パラグライダーは開いているのに，ブレーキがはたらかない。あっという間に高度が低くなってくる。しばらくすると，下からの風を感じブレーキもはたらき始めたそうだ。標高が高くなると空気が薄くなることを，身をもって体験した話だ。

　我々は，普段，空気の存在を意識しないが，このような話を聞くと空気の海の底で生活をしていると思う。標高が低い地表は空気による圧力も大きいはずだ。その大きさを肌で感じられる実験も紹介する。

1　圧力の導入実験

　薄くてコップ状の容器（園芸用品エコポリポット）を逆さにして，50個ほどを床に長方形に並べる。その上に軽い板を載せ，その板の上に静かに人が乗る。このとき，体重70 kg の人でも容器は潰れない。容器の数を減らして，再度同じ人が板の上に静かに乗る。これを繰り返して，容器が潰れるまで行う。容器の数を減らしていくと，容器の変形によって「きしむ」音が出始める。とうとう潰れたとき，平均して容器1個にどれだけの重さが加わったかを求める。

図V-1　エコポリポット

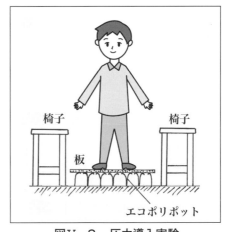

図V-2　圧力導入実験

69

ファルカタ集成材（軽いものならどのような材料でも良い。大きさ 45 cm ×
60 cm 厚さ約 2 cm），エコポリポット 7.5 cm（48 個，園芸コーナーなどで
売られている。100 個 150 円程度），体重計，椅子（2 脚）

実験方法

（1） 板（ファルカタ集成材）の上に乗る人の体重を測る。体重（kg）をニュートン（N）に
　　　換算する。例えば，体重 50 kg の人にはたらく重力は，50 × 9.8＝490 N になる。

（2） エコポリポットを逆さにして横 6 個，縦 8 個の長方形に並べる。

（3） 並べたエコポリポットの上に板を載せる（エコポリポットは板の下に収まる）。

（4） 板の上に静かに人が乗る。このとき，人の体重が板に均等にかかるようにするために，
　　　図 V － 2 のように，板の両側に椅子を置き，二つの椅子に手を置いて体を支え，両足を浮
　　　かせる。両足を板の中央付近に下ろし，体を支えている手の力を抜いていく。体重を板に
　　　かける。

（5） エコポリポットが潰れないときは，板の上に乗っている人が降りる。降りる手順は，板
　　　の上に乗るときと逆の順に行う。

（6） エコポリポットを 1 個取り除く（いろいろなところから取り除く）。

（7） エコポリポットの上に板を載せる。

（8） エコポリポットが潰れるまで（4）～（7）を繰り返す。

（9） 潰れたときの，エコポリポット 1 個当たりにはたらく力を求める。ファルカタ集成材
　　　は体重と比べ大変軽いので，重さは無視して良い。

実験結果

板に乗った人の体重　　62 kg

エコポリポットが潰れたときのエコポリポットの数　34 個

以上から

人が受けている重力　　62 × 9.8 ≒ 608 N

潰れたときのエコポリポット 1 個当たりにはたらいている力

$$608 \div 34 \fallingdotseq 17.9 \text{ N/個}$$

2　大気圧を実感する実験

　大気圧の存在をイタリアのエヴァンジェリスタ・トリチェリが 1643 年に示した [1]。さ
らに，大気圧の存在を実感できる大々的な実験を行ったのがドイツのオット・フォン・ゲー
リケである。1657 年のことだ。彼は手漕ぎの空気ポンプ（今で言う真空ポンプ）を発明
し，このポンプを使って有名な実験を行った。丈夫な銅製の半球二つの縁にオイルを塗っ
てピッタリと合わせ，中の空気の大部分を空気ポンプで抜き，それぞれの半球を馬 8 頭
ずつで引っ張った。それでも，二つの半球は離れなかった。しかし，中に空気を入れる
と簡単に離れた [1]。

　筆者は，ドイツ博物館を訪れたときに，実際に使われた二つの半球とポンプが展示さ
れているのを発見した。半球の円周は，大人が両手でやっと抱えられるくらいのサイズ
であった。

　実験した場所は，ゲーリケが市長を務めていたドイツのマグデブルク市であったため，
この種の実験に使う二つの半球の組みを，マグデブルク（マグデブルグと表記してある
ものもある）の半球ということがある。

図Ｖ－3　ゲーリケが使った実験装置（人物は筆者）
筆者の身長が 165 cm なので半球の大きさが想像できるだろう。（ミュンヘンのドイツ博物館にて）

マグデブルクの半球の実験

ゲーリケが行った大がかりな実験の縮小版である。

用意するもの 真空ポンプ（「付録2　真空ポンプの保管」参照），真空ポンプ用チューブ，真空用グリース，マグデブルクの半球（市販されている）

実験方法

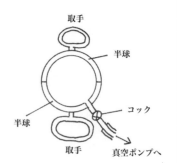

（1）　半球の片側の縁に真空用グリースを塗る。

（2）　二つの半球の縁をねじるように合わせ密着させる。

（3）　一方の半球に付いてあるコックを閉める。

（4）　二つの半球を小さい力で引っ張る。簡単に離れることを確認する。

（5）　再度，二つの半球を合わせる。

（6）　半球のコックを開いた状態にする。

（7）　半球の管に真空ポンプのチューブの一端を差し込む。

図V-4
マグデブルクの半球の実験

（8）　真空ポンプのスイッチをONにする。

（9）　ポンプの音が「カラ，カラ…」という音に変わったら，または，付属の気圧計で減圧したことを確認したら，半球のコックを閉める。

（10）　真空ポンプのスイッチをOFFにする。

（11）　半球の管からチューブを抜き取る。

（12）　それぞれの半球についている取手を左右の手で握り，半球が離れる方向に引っ張っていく。どうなるか？

（13）　引っ張るのを止める。

（14）　半球のコックを開いて，中に空気を入れる。それぞれの半球についている取手を左右の手で握り，半球が離れる方向に引っ張っていく。どうなるか？

実験結果

半球の中の空気を抜いて減圧すると，力強く引っ張っても離れない。

中に空気を入れると，二つの半球は簡単に離れる。

2-2　風船を膨らます

　マグデブルクの半球の実験に続けてこの実験も行う。ともに真空ポンプを使うので，効率良く実験が行える。

用意するもの　真空ポンプ（「付録2　真空ポンプの保管」参照），排気盤，排気鐘，真空ポンプ用チューブ，排気盤に載せる台（図V-5），排気鐘用ゴム栓，真空用グリース，風船

実験方法

（1）　排気盤の上に排気鐘を置く。

（2）　真空ポンプのチューブを排気盤の管に差し込む。

（3）　排気盤のコックを開いた状態で真空ポンプを作動し，排気鐘内の空気を排気していく。

（4）　10秒くらい経つと，真空ポンプの音が「カラ，カラ…」というような高い音に変化する。この状態になると，排気鐘内の減圧が十分できている。ここで，排気盤のコックを閉じてから真空ポンプを止める。

（5）　生徒に「これからコックを開くよ。音が聞こえるかな。」と言うように，生徒に，何に注目するかを明確にして注意を促す。静かになったら，排気盤のコックを開き空気が排気鐘内に入っていく小さな音を聞く。

（6）　風船にわずかに空気を入れ，口を結ぶ。（膨らんでいない）

（7）　図V-5のように，排気盤に風船を載せる台を置く。

（8）　図V-6（a）のように，この台の上に風船を載せる。

（9）　再び排気鐘内の空気を排気していく。

（10）　排気鐘内が減圧する。風船の変化を観察する。

（11）　排気盤のコックを閉じてから真空ポンプを止める。

（12）　排気盤のコックを少し開く。風船の変化を観察する。

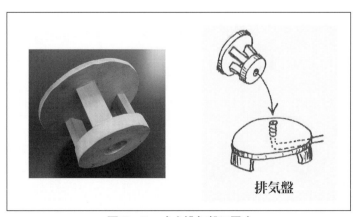

図V-5　台を排気盤に置く

(a)　　　　　　　　　　(b)

図Ⅴ−6　排気鐘内を減圧する

実験結果

　図Ⅴ−6（a）の萎んでいる風船が排気鐘内を減圧すると，図Ⅴ−6（b）のように，排気鐘を埋めつくすくらいまで風船が膨らむのを確認できる。排気鐘に空気が入っていくと，風船は図Ⅴ−6（a）のように再び萎む。

2-3 ゴム板を使った実験

大気圧を手軽に実感できる教材を石井登志夫氏[2]が開発している。その教材は，図V-7のように作る。

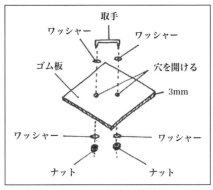

図V-7 ゴム板の製作

用意するもの 製作したゴム板の教材

実験方法

（1） 水平な実験台の上にゴム板を置く。
（2） ゴム板の取手を持って，ゴム板を水平な実験台の面に沿って移動させる。ゴム板の動きを観察する。
（3） ゴム板の取手を持って，ゴム板に上向きの力を加える。ゴム板の動きを観察する。

実験結果

ゴム板は，実験台に沿って動かすと自由に動く。しかし，上向きに引くとわずかに動くがそれ以上は動かない。ゴム板を持ち上げることができない。

[参考] 水平には動くのに，上には動かない

ゴム板の取手を上向きに力を加えた場合を考える。このとき，ゴム板の取手付近だけが少し高くなる。図V-8は，そのときのゴム板と実験台の断面図である。取手付近が高くなると，ゴム板の外周付近と机の面は密着しゴム板と実験台の間には空気が入り込まず，ゴム板の取手付近と実験台の間の隙間（空間）が減圧する。そのため，マグデブルクの半球と同様に，ゴム板を机から離すことができない。

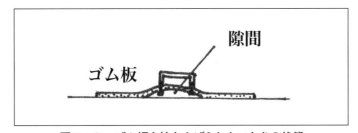

図V-8 ゴム板を持ち上げられないときの状態

大気圧は大変大きいが，我々はなかなか実感できない。実感させる一つの実験がドラム缶潰しである。この実験は，後藤道夫氏[3]が実践された。

この実験の概要は次のとおりである。ドラム缶に水を入れ，下から加熱し水を沸騰させる。ドラム缶の口から激しく湯気が出てきたら，ふたをして密封する。ドラム缶を冷やして中を減圧していくと，ドラム缶の外側の大気圧と内側の圧力の差によって，ドラム缶が簡単に潰れる。ドラム缶を手で叩いたりして缶の丈夫さを感じ取ってから実験を始めるとよい。

ドラム缶は簡単に入手できる。筆者は，勤務していた学校の近くのガソリンスタンドと交渉をして，1回目は1缶を2,000円で，2回目は2缶を無料でいただいた。

この実験は，暖かくなってから行う。寒い日に行うとドラム缶の側面の温度が低く，外へ移動する熱が多くなり，ドラム缶の内部の温度が上がらない。

ドラム缶が急激に潰れるときは，大音響を発する。そのため，事前に学校関係者に周知しておく。

用意するもの　ドラム缶（ふた付き），やかん，ブロック（塀に使うもの　2個），軍手，薪（2Lの水がすぐに沸くくらいの量），新聞紙（焚き付け用），マッチ，バケツ，ホース，鉄板（薪の下敷き用，石油缶を半分にしたものが良い），ペンチ（ドラム缶のふたを閉めるために使う）

実験方法

(1)　バケツに水を満たす（消火用）。

(2)　生徒にドラム缶を手で叩かせ，その丈夫さを確認させる。

(3)　図V-9（a）のように，二つのブロックの上にドラム缶を置く。

(4)　ドラム缶のふたを開け，やかん一杯の水（1L～2L）を入れる。

(5)　鉄板（二つのブロックの間に収まる大きさ）を下敷きにして，その上に薪を置く。

(6)　焚き付け用の新聞紙に火を付けて，薪に火を付け，下敷きの鉄板をドラム缶の下に入れる。

(7)　ドラム缶の口にふたを置く（決して閉めない）。

(8)　図V-9（b）のように，水が沸騰してくると，ドラム缶の口から湯気が出てくる。湯気が口から激しく出てくるようになると，口に置いたふたが浮いたり下がったりして音がする。

(9)　口から勢いよく湯気が出て，ふたがほとんど浮いた状態になったら，ふたを閉める。

(10)　すぐに薪を載せてある鉄板を引き出す。

(11)　バケツの水で薪の火を消し，すぐに図V-9（c）のように，ホースでドラム缶に水

をかけて冷やす。

（12） 突然ドラム缶が潰れる。

（13） ドラム缶の上側に溜まっている水を取り除く。

（14） ドラム缶が熱くないことを確かめた後，生徒にドラム缶を触らせる。丈夫なドラム缶が潰れたことを実感できる。

（15） この実験の感想を書かせる。

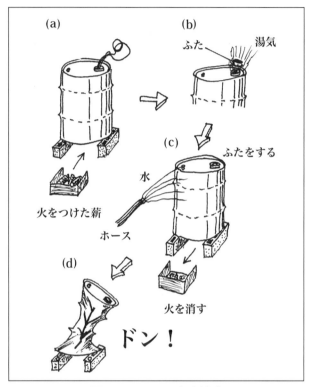

図V-9　ドラム缶を潰す

実験の感想

丈夫なドラム缶が，簡単に潰れる。ふだん感じていない大気圧がいかに大きいか実感した。

ドラム缶が減圧する仕組み

水が沸騰すると，一部が水蒸気になっていく。そのため，ドラム缶の中に占める水蒸気の体積が急激に増加する。それに伴い，ドラム缶の中の空気の大半は外へ追い出されていく。この状態で，ドラム缶にふたをして冷やすと，ドラム缶の中の水蒸気の大部分は，水の状態に戻り水蒸気の体積は急激に減少しドラム缶の内部の圧力は減少する。そのため，ドラム缶の中の圧力より外側の大気圧の方が大きくなる。その圧力差はドラム缶が潰れるまでになる。

3　浮力

　水圧によって浮力が生じる。浮力をわかりやすく示す実験を紹介する[4]。

　通常，浮力の実験は，水の入った容器へばねばかりに吊り下げた物体を水の中に入れていく。したがって，この方法は，ばねばかりを下に動かすことになるので，動いているばねばかりの動く目盛りを読み取ることになる。このような状態の目盛りを読み取るのは，全盲の生徒には困難を伴う（目盛りは凹凸になっており，触って読み取れる）。そこで，全盲の生徒も容易にばねばかりの目盛りを読み取れる工夫をした。晴眼の生徒にもわかりやすい実験になっている。

　ばねばかりを実験スタンドに固定する。その代わりに，水の入った容器を高くしていく。物体が水の中に入ってもばねばかりは動かず，ばねばかりの針だけが動くので，浮力の効果がよくわかる。物体が水の中に多く浸かるほど浮力が増すことを実感できる。

3-1　浮力の実験

用意するもの　実験スタンド，ゴム栓（20号　直径 55 mm，密度は水よりわずかに大きく，体積も大きいので浮力の効果が大きい），ネジ付きフック，ばねばかり（2 N），ビーカー（ゴム栓が入るサイズのもの），ラボラトリージャッキ（図 V- 10）

図V- 10　ラボラトリージャッキ

図V- 11　ゴム栓の工作

事前に行っておくこと　図 V - 11 のように，ゴム栓にネジ付きフックを取り付ける。

実験方法

（1）　実験スタンドのクランプを最も高い位置で固定する。

（2）　ラボラトリージャッキを最も低い状態にして実験スタンドの上に置く。

（3）　ラボラトリージャッキの上にビーカーを置く。

（4）　ビーカーに水を入れる。水の量はゴム栓を完全にビーカーの中に入れても，ビーカーか

ら水が溢れない量にする。

（5）　実験スタンドのクランプにばねばかりを固定する。

（6）　ばねばかりにゴム栓を吊るす。

（7）　ばねばかりを固定してあるクランプを下げ，ばねばかりに吊るしたゴム栓の底面をビーカーの中の水面から 1 cm 程度の高さにする。

（8）　図 V − 12（a）のように，ゴム栓が水に浸かっていない状態で，ばねばかりの針の指す目盛りを読む。

（9）　ラボラトリージャッキのつまみを回して，ビーカーを上げていく。

（10）　図 V − 12（b）のように，ゴム栓が水に浸かりはじめると，ばねばかりの針の指す目盛りはどのように変化するか。

（11）　図 V − 12（c）のように，ゴム栓が完全に水に浸かったときのばねばかりの目盛りを読む。

（12）　さらに，ビーカーを上げて，ゴム栓が水に沈んでいくときのばねばかりの針の指す目盛りを読む。

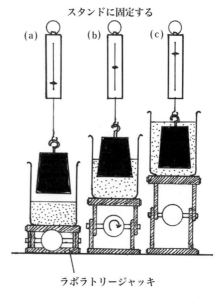

スタンドに固定する

（a）　　（b）　　（c）

ラボラトリージャッキ

図 V − 12　浮力の実験

> [!NOTE]
> 実験結果

ゴム栓（おもり）を吊るしたときのばねばかりの針の指す目盛り　160 g

ゴム栓が水に浸かりはじめると，ばねばかりの針の指す目盛りは，だんだん小さな値になる。

ゴム栓が水に完全に浸かったときのばねばかりの針の指す目盛り　50 g

ゴム栓がさらに水に沈んでいくときのばねばかりの針の指す目盛り　50 g（変わらない）

3−2 アルキメデスの原理の実験

　ビーカーの代わりに，図V−13のオーバーフローカップ[5]を使うとアルキメデスの原理の実験が容易にできる。

　このカップを使うと，図V−14のように溢れた水すべてを，容易に容器で受け取ることができる。ばねばかりの目盛りの減少分の重さ（浮力）と溢れた水の重さが等しいことを確認できる。

図V−13　オーバーフローカップ

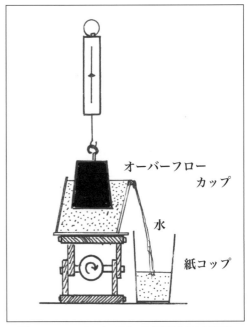

図V−14　アルキメデスの原理を示す実験

参考文献等

[1] D.アボット編著，渡辺正雄監訳『世界科学者辞典 物理学者』原書房，1989年，p77.

[2] 石井登志夫「大気圧実感器ゴムピタくんを使った授業」，物理教育研究会『物理教育通信』99号，2000年，p35.

[3] 後藤道夫氏（元工学院大学附属中学校・高等学校）に教えていただいた。また，後藤氏が執筆に関わった「'93 青少年のための科学の祭典」のガイドブックを参考に実験を実践した。

[4] 石崎喜治「実験に役立つちょっとしたアイデア」，日本視覚障害理科教育研究会『JASEB NEWS LETTER』No.11-12合併号，1993年，p90.

[5] 株式会社ナリカから市販されていたが，いまは市販されていない。問い合わせが多ければ再び市販される可能性がある。

　問い合わせ先　株式会社ナリカ　E-mail support@rika.com TEL 0120-700-746　HP https://narika.jp/

VI

物体の運動

　視覚に障害のある者にとって物体の運動を観察することは，大変な困難を伴う。特に全盲の生徒は，見ることは触ることだから，物体の運動を調べようとしてその物体に触ると運動が変化してしまう。一目瞭然とはいかないけれど，物体の運動を，視点を変えて観察を重ねると，運動の様子を把握することが可能になる。

　ここでは，工夫した三つの実験を紹介する。晴眼の生徒にも必ずや印象に残るだろう。

1　軽い物体と重い物体のどちらが先に落下するか？[1]

　「同じ高さから同時に軽い物体と重い物体を落下させたとき，どちらが先に地面に落ちるか」と生徒に問うと，ほとんどの生徒は重い物体と答える。このような誤った素朴概念を，同時に落下すると説明するだけでは，修正することはなかなか困難である。このようなときは，実験で示すことが重要で，印象に残れば記憶に残る。

　イタリアのガリレオが，重い物体と軽い物体をピサの斜塔から落とす公開実験を行ったという逸話がある。斜塔の高さは50 m以上あるので，この話が本当なら，見ている大衆は同時に落下することを十分納得しただろう。

図VI−1　ピサの斜塔

　紹介する実験は，この逸話の縮小版である。質量が異なる二つの物体を校舎の３階か４階の高さから同時に静かに落とし，地面に衝突する音で同時に落下するか否かを確かめる実験である。音は１回しか聞こえない。

　実験に都合の良い場所を探す。その条件は，落下距離を長くするため３階以上であること，その場所の鉛直方向には地面まで落下物が当たる突起物がないこと，落下する衝突音が明確に聞こえる場所であることである。

衝突音だけでも同時に落下したか否かよくわかる。

風船（二つ）

実験方法

（1）　図Ⅵ－2のように，二つの風船に水
　　　を入れる。入れる水の量は，一方の風船
　　　に約300 mℓ，もう一方の風船には約
　　　900 mℓにする。
（2）　二つの風船の重さの違いを実感させる
　　　ため，図Ⅵ－3のように，生徒に左右の
　　　手でそれぞれの風船を持たせる。これが
　　　この実験のポイントである。900 mℓの
　　　方の風船を持っている方の手は，重さで
　　　風船が破裂してしまうような感覚になる。

図Ⅵ－2
風船に水を入れる

図Ⅵ－3　重さを比べる

（3）　生徒たちを風船の落下地点付近に移動させる。落下地点から3 mほど離れれば水しぶ
　　　きはかからない。
（4）　教師は風船を落とす場所に留まり，左右の手でそれぞれの風船を持つ。このとき，両
　　　手を同じ高さにする。
（5）　観察する準備ができたら生徒に合図をして，二つの風船を静かに放す。
（6）　風船が地面に衝突する音がどのように聞こえたか。
（7）　破裂した風船の破片を生徒に回収させ，教室に戻らせる。

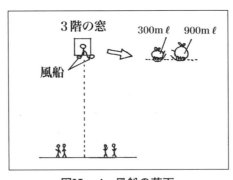

図Ⅵ－4　風船の落下

実験結果

　　二つの風船が衝突する音は，1回だけしか聞こえない。二つの風船は同時に落下する。

2　減圧した容器内を紙が落下する運動[2]

非常に軽い物体も空気抵抗がなければ重い物体と同時に落下する実験は，通常次のように行われる。

小さな羽根と金属片をコックの付いた長く太い試験管形の容器に入れ，真空ポンプで空気を抜いて減圧する。容器を逆さにして，羽根と金属片を落下させる。羽根と金属片が，容器の底に同時に到達することを確かめる。

この実験を盲学校用にアレンジした。アレンジの最大のポイントは，大型の試験管の容器を鉛直に立てたままで（逆さにしない）好きなタイミングで容器の中の物を落下することができるようにしたことである。したがって，晴眼の生徒を対象に実験をするときは，教師はいつでも落下をすることができる体制で，生徒の反応をよく観察しながら物体を落下できる。

容器の中へ入れるのは，薄い紙のみで，羽根や金属片は使わない。紙にはトレーシングペーパーを使って工作する。落下させる紙の完成品は図Ⅵ－5のようになる。紙をこの形にすると空気抵抗が大きくなり，空気中ではゆっくり落下する。

図Ⅵ－5　落下する紙

空気

図Ⅵ－6
ゆっくり落下する

2-1　落下する紙の工作

用意するもの　トレーシングペーパー，ホッチキス，ハサミ，コンパス

製作方法

（1）　図Ⅵ－7のように，トレーシングペーパーを扇形に切り取る。中心角を180°以上にする。図は中心付近を黒く塗ってあるが，これは必ずしも塗る必要はない。

（2）　ホッチキスでトレーシングペーパーを留め，円錐形にする。ホッチキスで留めるのがポイントである。

（3）　紙の円錐形の断面を，大型の試験管の容器の断面よりわずかに小さくなるように切り取る。

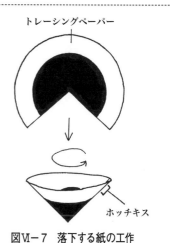

トレーシングペーパー

ホッチキス

図Ⅵ－7　落下する紙の工作

2-2 真空中の物体の落下実験

用意するもの 真空落下実験用容器（大型の試験管の容器），真空ポンプ（「付録2 真空ポンプの保管」参照），真空ポンプ用チューブ，真空用グリース，前述の工作した落下用の紙，磁石

実験方法

空気中の落下の観察

（1） 容器のゴム栓を外し，中に落下用の紙（工作した紙）を入れ再びゴム栓をする。紙の尖った部分が容器の底側を向くように入れる。

（2） 容器のコックのある方を上にして鉛直に立てる。

（3） 容器の外側から磁石を容器の底に近づける。すると，落下用の紙が磁石に近づく。紙はホッチキスの針で留めてあるので，磁石に引き寄せられる。

（4） 磁石を容器の側壁に沿って上側に移動させると，図Ⅵ－8（a）のように落下用の紙も上側へ移動する。

（5） 容器に空気がある状態で，合図をして，図Ⅵ－8（c）のように，磁石を容器の側壁から離す。

（6） 紙の落下の様子を観察する。

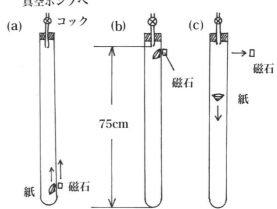

図Ⅵ－8 紙を使った落下実験

減圧したときの落下の観察

（7） 容器のパイプのコックを開く。パイプとコックが平行のとき開き，直角のとき閉じる。

（8） 真空ポンプのチューブを容器のパイプにつなぐ。

（9） 真空ポンプのスイッチをONにする。

（10） 真空ポンプの音が「カラ，カラ…」と変化してきたら，コックを閉めてから真空ポンプのスイッチをOFFにする。

（11） 真空ポンプのチューブを容器のパイプから取り外す。

（12） 生徒に「聞こえるかな？」と言い，聞くことに注意を向けさせる。

（13） 静かな環境になったことを確認して，コックを開く。

(14) 「シュー」という，容器に空気が入っていく音を確認する。

(15) 再度容器の中を減圧する。

(16) 容器を鉛直に立て，合図をして落下用の紙を再び落下させる。

(17) 紙の落下の様子を観察する。

観察結果

容器内を減圧していないとき，紙はゆっくり落ちていく。

容器内を減圧したとき，紙は素早く落下する。

空気の中を落下するときと比べ，段違いである。

　真空ポンプを使っても，実は真の真空にはなっていないことを生徒に話す。真の真空は作れないとも話す。それでも速く落下するから，真空中では，すべての物体は同時に容器の底に落ちると説明すると，生徒は十分納得する。

　盲学校での実験方法を述べておこうと思う。

　紙が容器の底に達した瞬間を確認できるようにすることがポイントである。それには光センサーを用いる。このセンサーは光の明暗を音の高低に変える器具でデジタル感光器[3]という商品名で市販されている。図VI－9のように，この感光器の受光部を容器の底付近の側面に向けて固定しておく。このようにすると，紙が容器の底に達すると受光部に入る光を遮り感光器の音が低くなる。紙を黒く塗ると光を遮る効果が高くなり，感光器の音が十分低くなる。減圧した状態で実験すると，落下の合図とほぼ同時に感光器の音が低くなるので生徒は驚く。これほど早く音が低くなるとは思っていないからだ。

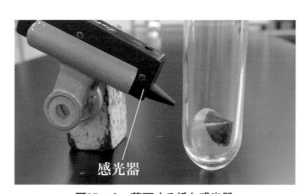

図VI－9　落下する紙と感光器

3 斜面の傾斜の違いによる物体の速さの比較[4]

　この実験は，力学的エネルギー保存の法則の導入として行う。

　斜面の傾斜をいろいろ変えるが，高さは常に同じところから静かに球を転がす。斜面を飛び出した球が床に落下した位置の違いで，斜面を飛び出すときの球の速さの比較（速い，等しい，遅い）をする。斜面の形状を変えても，常に同じ地点に落下するので，飛び出す速さはいずれも等しい。

　はじめに球が床に落下する地点を探し，その地点に空き缶を置くと，その後の実験でも球は常に缶の中に落ちる。単純な実験だが，生徒は息を潜めて缶に入る音がするか注目する。傾斜を急にしても缶の中に入るので，生徒は驚く。

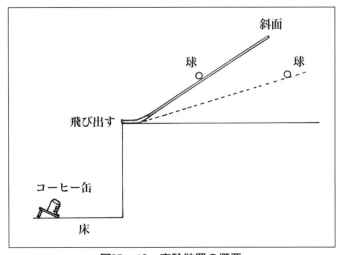

図Ⅵ－10　実験装置の概要

3-1 斜面の製作

　図Ⅵ-11（a）は飛び出し部分の組み立て図で，図Ⅵ-11（b）は，組み立てたものを図Ⅵ-11（a）のPの方向から見た図である。ただし，図Ⅵ-11（b）には，球も描いてある。

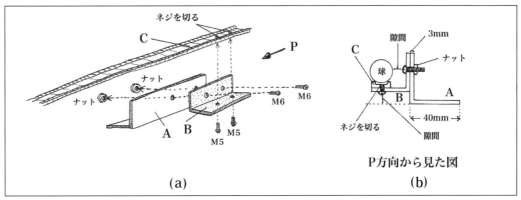

図Ⅵ-11　飛び出し口の工作

斜面の飛び出し部分の製作

用意するもの　タップダイスセット（ねじ切り工具），鉄製のアングルA（長さ約20cm），鉄製のアングルB（長さ約15cm），ネジ（M5，2本），ネジ（M6，2本），ナット（M6，2個），金属製で溝のあるものC（斜面にする，長さ約2m，ホームセンターで入手），電動ドリル，ポンチ，ハンマー，ドライバー，ペンチ

製作方法

（1）　図Ⅵ-11（a）のように，斜面CとアングルBを固定するために，斜面CとアングルBに穴を2カ所開ける。斜面Cに開ける穴はネジM5用のネジを切ってナット代わりにする。金属に穴を開ける方法とねじ切りの方法は，「付録4　ねじ切り工具（タップダイスセット）の使い方」に示してある。そこには，M5の穴を開けるときの半径なども詳しく説明してある。

（2）　アングルAとBを固定するために，アングルAとBに穴を2カ所開ける。ネジの規格はM6である。穴を開けるにあたり，次のことに注意する。図Ⅵ-11（b）のように，アングルBの穴に通すM5のネジの頭をアングルAの底辺より高くする。さらに，斜面Cに球を置いたときに，M6のネジの頭と球が接触しないようにする。

（3）　斜面CとアングルBをネジM5で固定する。Cの穴から出るネジM5の部分は切り落とす。

（4）　AとBをネジM6で固定する。

斜面 C に取手を取り付ける工作

　取手は，図Ⅵ－12のように，斜面 C を自由に変形できるようにするために使う。図Ⅵ－13は，斜面に取手Dを取り付けているときの写真である。

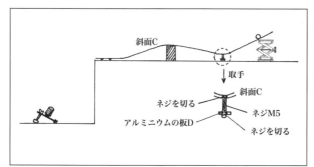

図Ⅵ－12　取手の取り付け

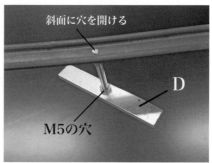

図Ⅵ－13　取手を取り付けた状態

用意するもの　タップダイスセット（ねじ切り工具），アルミニウムの板 D（長さ約 80 mm × 30 mm × 5 mm），ネジ（M5，長さ約 6 cm），電動ドリル，ポンチ，ハンマー

工作手順

（1）　斜面 C を小山があるように変形するために，図Ⅵ－12のように，球が飛び出す側から約 2/3 の長さの所に，M5 用の穴を開け，M5 のネジを切る。金属に穴を開ける方法とねじ切りの方法は，「付録 4　ねじ切り工具（タップダイスセット）の使い方」に示してある。M5 の穴を開けるときの半径なども詳しく説明してある。

（2）　図Ⅵ－13のように，取手 D の中央に，M5 用の穴を開け，M5 のネジを切る。

3−2　球を受け取る缶を置く台の製作

　図Ⅵ−14が完成した球を受け取る缶を置く台である。

用意するもの　鉄製の板 (約 250 mm×200 mm×2 mm)，リング状のフェライト磁石，空き缶 (コーヒー缶の大きさが良い)，ゴム板 (約 20 mm×200 mm×3 mm)，ボルト (M8，長さ約 10 cm，2本)，蝶ネジナット (M8，2個)，鉛の板 (約 70 mm×約 70 mm×約 10 mm)，ボルト (M8，長さ 2 cm，2本)，ナット (M8，6個)，木製の板 (約 200 mm×30 mm×10 mm)，電動ドリル，ポンチ，ハンマー，カッター，カッターマット

　台の空き缶には，斜面から飛び出した球が入る。缶は磁石に付いているだけなので，台についている磁石から自由に離すことができ，同じ位置に戻すこともできる。鉄の板におもしの鉛がついているため台は重く，缶をフェライト磁石から取り去るときにも台は全く動かない。

　製作の概要を図Ⅵ−15に示してある。

図Ⅵ−14
球を受け止める缶と台 (完成)

製作方法

(1)　図Ⅵ−15 (b) のように，鉄製の板の四カ所に M8 のボルトの穴を開ける。穴の開け方は，「付録3　金属に穴を開ける方法」に示してある。

(2)　図Ⅵ−15 (b) のように，鉛の板に M8 のボルトの穴を2カ所開け鉄製の板におもりの鉛の板を固定する。

(3)　木製の板の2カ所にネジ M8 の穴を開ける。このネジで図Ⅵ−15 (b)，(c) のように，木製の板と鉄製の板を固定する。

(4)　図Ⅵ−15 (b) のように，ゴム板の 200 mm の辺に沿って厚さ3 mm の中央にカッターで切り込みを入れ，この切り込みに鉄板の 200 mm の辺を差し込む (カッターで手を切らないように注意する)。

(5)　鉄板にリング状のフェライト磁石を付ける。

(6)　フェライト磁石に空き缶をつける。

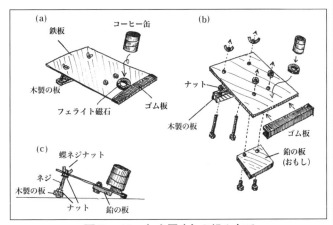

図Ⅵ−15　缶を置く台の組み立て

3−3　斜面を飛び出す球の速さを比較する実験

用意するもの　製作した斜面，製作した缶を置く台，金属球，クランプ，ラボラトリージャッキ，コーヒー缶，ブロック（重さがあり，その高さはラボラトリージャッキを最も高くしたときの高さの 2/3 くらいのもの）

実験方法

缶を置く位置を決める予備実験

（1）　図Ⅵ− 16 のように，斜面の飛び出し口を実験机の端にクランプで固定する。

（2）　ラボラトリージャッキは最も高い位置にする。

（3）　斜面の傾斜は，図Ⅵ− 17 のように，飛び出し口からのラボラトリージャッキの位置で決める。最初は斜面の傾斜を緩やかになるように，ラボラトリージャッキを斜面の飛び出し口から遠い位置に置く。

（4）　図Ⅵ− 18 のように，球をラボラトリージャッキの上の板の端に置いて静かに転がし，斜面を飛び出して床に落下する地点を確認する。

（5）　落下した地点とコーヒー缶の口の位置が一致するように，缶を載せた台を置く。

（6）　再度，同じ方法で球を転がし，斜面を飛び出した球がコーヒー缶の中に入ることを確認する。缶に球が入らないときは，缶を置く台の位置の微調整を行う。球が缶に入っても，跳ね返って缶から飛び出すことがある。このようなときは，缶の中にアルミホイルを入れてクッションにすると良い。

図Ⅵ− 16　飛び出し口の固定

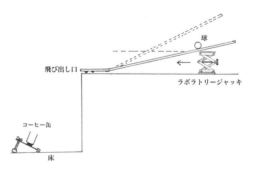

図Ⅵ− 17　斜面の実験

斜面の傾斜を変えたり，変形させたりして落下地点を調べる

（7）　球を転がす位置は図Ⅵ− 18 のように，常にラボラトリージャッキの上板の端にし，いつも同じ高さから転がす。

（8）　ラボラトリージャッキを斜面の飛び出し口に近づけ傾斜を急にして球を転がす。

（9）　さらに，ラボラトリージャッキを斜面の飛び出し口に近づけ傾斜を急にして球を転がす。

（10）　斜面を図Ⅵ− 19 のように変形させる。そのために，まず，ラボラトリージャッキを

最初の位置に戻す。

(11)　斜面Cに取手を取り付ける。取手のネジの先端が斜面の表面から出ないようにする。

(12)　図Ⅵ－20のようにブロックなどを斜面の飛び出し口とラボラトリージャッキの中間の地点くらいに置く。

(13)　取手を生徒に持たせ，下向きに引かせる。このとき，斜面の形状は，斜面の途中に一つの小山があるようになる。ただし，小山の高さは，ラボラトリージャッキの高さより低い。

(14)　生徒に取手を下向きに引かせた状態で，球を静かに転がす。斜面を転がる球の速さも観察する。

図Ⅵ－18　球を置く位置

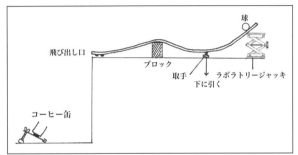

図Ⅵ－19　斜面を変形した実験

図Ⅵ－20　ブロックを置く

実験結果

　どの場合も，球は缶の中に入る。

　斜面の途中に小山があるときは，小山の頂上で遅くなり，小山を越えると再び速くなる。

　生徒は，どの場合も球が缶の中に入ることに驚く。

　球が斜面を飛び出す速さが等しければ，落下する地点も同じになる。したがって，この実験で球が斜面を飛び出す速さは，どの場合も等しい。

　球が斜面を転がって球の高さが低くなると位置エネルギーが減少し，その減少分が運動エネルギーの増加分になる。この実験は，力学的エネルギー保存の法則の概念を学ぶ導入実験になる。

球を転がす位置をラボラトリージャッキの上の板より高くすると，缶の奥に落下し，ラボラトリージャッキの上の板より低くすると缶の手前に落下する。

参考文献等

［1］石崎喜治「物体の落下運動 I」，ジアース教育新社『視覚障害教育ブックレット』Vol.23，2013 年，p82.
［2］石崎喜治「真空落下実験の工夫」，日本視覚障害理科教育研究会『JASEB NEWS LETTER』No.11-12 合併号，1993 年，p93.
［3］デジタル感光器：東京ヘレンケラー協会から販売されている。価格 44,000 円
［4］石崎喜治「斜面を飛び出す剛球の速さ」，日本視覚障害理科教育研究会『JASEB NEWS LETTER』No.19, 2000 年，p23.

VII 滑車

滑車を使った実験は，おもりを重くすれば効果的である。例えば，おもりには砲丸投げに使う金属球（約5kg）を使う。体育科に使いふるしたものがいくつもあると思う。おもりを吊す滑車には，図VII－1のように，回転部分が樹脂でできた軽いものを使う。ロープにおもりを吊り下げるための金具には，登山用カラビナ（縦方向に最低

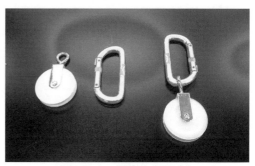

図VII－1　滑車とカラビナ

1.5 tに耐えられる）を使う。これにより，滑車とカラビナを合わせた重さを無視できる。重いおもりを使うには，支点を丈夫にしなければならない。

1　おもりを吊り下げる支点を天井に設置する方法 [1]

丈夫な支点は「付録5　天井に支点を設置する方法」を参照して製作する。

製作したものが，図VII－2である。天井は高いので，図のように支点にする鉄製アングルと登山用のロープ（長さ約1m［結ぶのに必要な長さを除く］，太さ約9mm）を登山用カラビナで取り付ける。

この支点は，高等部の「V　単振り子のおもりの運動を記録タイマーで記録」の実験にも使用する。

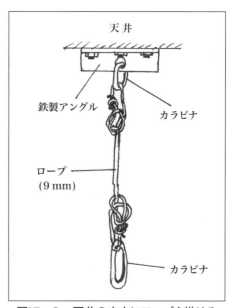

図VII－2　天井の支点にロープを掛ける

2　砲丸の金属球を使ったおもりの製作

用意するもの　ねじ切り工具(タップダイスセット)，フック付きボルト(太さ M8，図Ⅶ−3を参照，
商品名アイボルト)，砲丸の金属球，ポンチ，ハンマー，電動ドリル

製作方法
(1)　砲丸の金属球にフックを取り付けるための穴を一つ開ける。フックの太さ M 8 の下穴
の直径は，7.0 mm である。穴の開け方は，「付録3 金属に穴を開ける方法」に示してある。
(2)　砲丸の金属球にねじ切りを行う。その方法は，「付録4　ねじ切り工具(タップダイスセッ
ト)の使い方」に示してある。
(3)　(1)で作ったネジ穴にフックのネジをねじ込んでおもりにする。

3　おもりの保管方法

　おもりは球形なので転がりやすい。そのため，おもりを置く台を用意する。図Ⅶ−4
のように，ガムテープを台にすると簡単である。保管するときは，必ず床に置く。高所
は落下の可能性があり危険である。

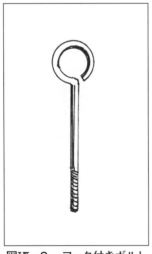

図Ⅶ−3　フック付きボルト

図Ⅶ−4　おもり

4　定滑車と動滑車を使うためのロープの取り付け

　滑車の固定に使う天井の支点は高い。そのために，図Ⅶ－2のように，天井の支点（鉄製アングル）に取り付けた登山用ロープの下端のカラビナに別の細いロープを吊り下げ，そのロープの下端に滑車を取り付ける。取り付けたときの滑車の高さは，細いロープの長さで調節する。その細いロープの取り付け方を説明する。

用意するもの　（定滑車，動滑車の実験で使うものも含む）　天井に設置した支点（工作の方法は「付録5」に示してある），滑車（太さ6mmのロープが使えて軽いもの，1個，ホームセンターで入手），ロープ（太さ6mm，長さ約10m，登山用補助ロープ，登山用品店で切り売りしている），登山用カラビナ（2個），製作したおもり（砲丸の金属球），手ばかり（10kgのばねばかり），板（長さ50cm，幅2cm～5cm），ロープと異なる色のビニルテープ，巻尺

支点に細いロープを取り付ける方法

（1）　長さ約10mのロープを使って，図Ⅶ－5のロープA，Bを作る。ロープAは，図Ⅶ－6のように，支点に取り付けてある下端のカラビナと滑車をつなぐためのロープである。その長さ（両端に輪を作る長さを除く）は，カラビナにロープAを吊り下げたときに，ロープAの下端の高さが床から1.4mくらいにする。

（2）　ロープの結び目は容易に解けない結び方で輪を作る。結び方などロープの扱い方は，「付録5　支点を天井に設置する方法」に示してある。輪の周の長さは20cm程度にする。

（3）　ロープBは，滑車に掛けるもので，一端におもりを吊り下げるための輪を作る。その長さは，輪の部分を除いて6mくらいにする。

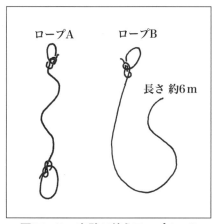

図Ⅶ－5　実験に使うロープA，B

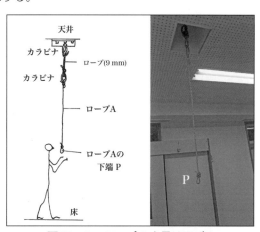

図Ⅶ－6　ロープAを吊り下げる

5　定滑車の実験

図Ⅶ－7が装置である。

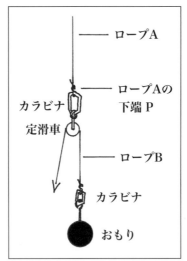

図Ⅶ－7　定滑車を使った実験

実験方法

（1）　図Ⅶ－7のように，ロープAの下端Pと滑車をカラビナで取り付ける。

（2）　図Ⅶ－8のように，手ばかりにおもりを吊し，おもりの重さを測る。このとき，おもりの重さを実感できる。

（3）　滑車にロープBを掛ける。

（4）　ロープBの輪にカラビナを掛け，このカラビナにおもりのフックを掛ける。

（5）　図Ⅶ－9（a）のように，ロープBの床から適当な高さのところにビニルテープXを巻く。ビニルテープは，ロープをどれだけ引き下げたかを示す目印にする。

（6）　定滑車を使っておもりを板の長さ（50 cm）まで持ち上げる。

（7）　図Ⅶ－9（b）のように，おもりを持ち上げた状態で，ロープBにビニルテープXを巻いたときと同じ高さのところにビニルテープYを巻く。

（8）　ビニルテープX，Y間のロープの長さ（ロープを引いた長さ）が板の長さの何倍かを調べる。

（9）　ロープBの途中を結んで輪を作る。結び方は，図Ⅶ－10に示してある。

（10）　図Ⅶ－9（c）のように，結んだ輪に手ばかりをかけて，ロープにかかっている力を測る。

（11）　ビニルテープを取り，結んだ輪をほどく。

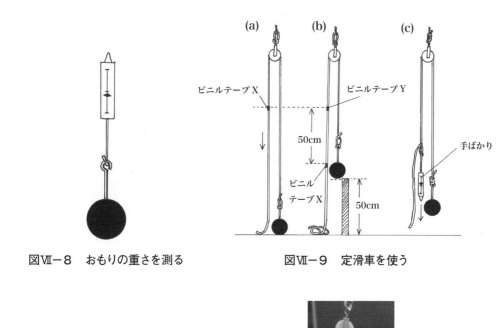

図Ⅶ－8　おもりの重さを測る

図Ⅶ－9　定滑車を使う

ビニルテープX

ビニルテープY

50cm

ビニル
テープX

50cm

手ばかり

(a)　(b)　(c)

図Ⅶ－10　ロープを結ぶ

図Ⅶ－11
定滑車でおもりを持ち上げる

実験結果

　おもりを直接持ち上げたときの力と定滑車を使って持ち上げたときの力は等しいように感じる。

　手ばかりでおもりを測ったときの目盛りは，5.8 kg を示し，定滑車を使ったときの手ばかりの目盛りも 5.8 kg を示す。

　おもりを板の長さ 50 cm 高くしたとき，ロープを引き下げた長さも 50 cm である。

　おもりを直接持ち上げる力と定滑車を使ってロープを引く力が等しく，おもりを高くした高さと，ロープを引き下げた長さが等しい。

6　動滑車の実験

図Ⅶ-12が装置である。

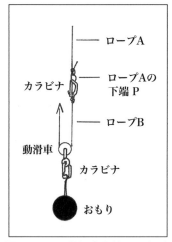

図Ⅶ-12　動滑車を使った実験

```
実験手順
```

（1）　図Ⅶ-8のように，手ばかりにおもりを吊し，重さを測る。このとき，おもりの重さを
　　　実感できる。
（2）　図Ⅶ-12のように，ロープAの下端Pの輪にカラビナをかけ，そのカラビナにロープ
　　　Bの輪を掛ける。
（3）　滑車にロープBを掛ける。
（4）　図Ⅶ-12のように，滑車にカラビナを掛け，このカラビナにおもりのフックを掛ける。
（5）　図Ⅶ-13（a）のように，ロープBの床から適当な高さのところにビニルテープXを
　　　巻く。ビニルテープは，ロープをどれだけ引き上げたかを示す目印にする。
（6）　動滑車を使っておもりを板の長さ（50 cm）まで持ち上げる。
（7）　図Ⅶ-13（b）のように，おもりを持ち上げた状態で，ロープBにビニルテープXを
　　　巻いたときと同じ高さのところにビニルテープYを巻く。
（8）　ビニルテープX，Y間のロープの長さ（ロープを引き上げた長さ）が板の長さの何倍か
　　　を調べる。
（9）　ロープBの途中を結んで輪を作る。結び方は，図Ⅶ-10に示してある。
（10）　図Ⅶ-13（c）のように，結んだ輪に手ばかりを掛けて，ロープにかかっている力
　　　を測る。
（11）　ビニルテープを取り，結んだ輪をほどく。

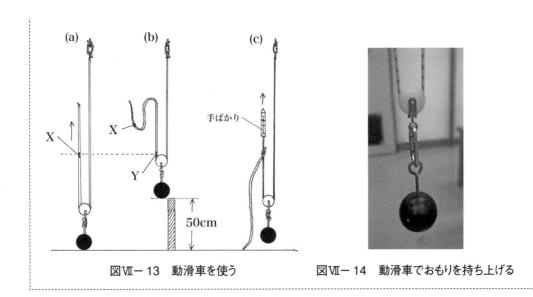

図VII-13　動滑車を使う　　　　　　　図VII-14　動滑車でおもりを持ち上げる

実験結果

　おもりを直接持ち上げたときの力よりも，動滑車を使って持ち上げたときの力の方が明らかに小さい。

　手ばかりでおもりを直接測ったときの目盛りは 5.8 kg を示し，動滑車を使ったときの手ばかりの目盛りは，3.0 kg を示す。

　おもりを板の長さ 50 cm まで高くしたとき，ロープを引き上げた長さは 100 cm である。

　動滑車を使っておもりを持ち上げる力は，直接持ち上げるときの力の半分になる。ロープを引き上げる長さは，おもりを持ち上げた距離の 2 倍になる。

参考文献

[1] 石崎喜治「単振動を実感させ把握させるいくつかの実験」，日本視覚障害理科教育研究会『JASEB NEWS LETTER』No.16，1997年，p28.

高等部

I

音を頼りにした落下運動

　盲学校の物理室に昭和初期の本があった。その本には図I－1のような，垂れ下がっている糸におもりを等間隔につけた実験の様子が描かれてあった。この実験を基に，落下運動は等加速度運動であることを音で検証する実験を工夫した。

　図I－2がその実験である。図I－1との違いは，おもりを取り付ける位置である。約8mの高さからタコ糸を垂らし，その先端を地面に置いた金属板に接地させる。タコ糸の下端から上に向かって，高さの比がそれぞれ0，1，4，9，16，25になるようにタコ糸におもりを取り付ける。タコ糸の支えを取り除くと，タコ糸とおもりの全体が自由落下する。すると，タコ糸に取り付けたおもりが次々と地面の金属板に落下し，その音が反響する。音はメトロノームのようにリズミカルに聞こえる。

　この落下実験から，物体は等加速度運動で落下するとわかる。これは通常校でも，有用な実験だろう。

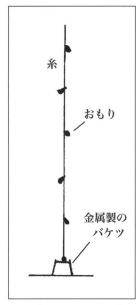

図I－1　本に載っていた落下実験

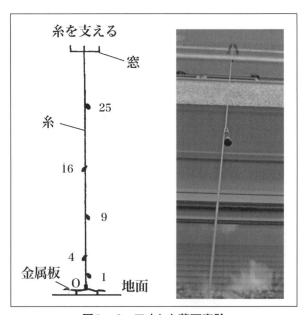

図I－2　工夫した落下実験

1 落下運動[1]

落下運動は等加速度運動であることを検証する。

この落下運動の実験は，二つの実験から成る。一つ目は，ガリレオが実験したように，落下運動が質量に依存しないことを確認する実験であり，二つ目は，前述の図Ⅰ-2の実験である。タコ糸に多数のおもりをつけて落下運動を調べるには，一つ目の実験は必須である。それぞれのおもりが他のおもりに影響を及ぼさないことを確認しておく必要があるからだ。

2 落下運動は質量に依存しない

中学校の項で「落下運動は質量に依存しない」ことを示す実験の内容を述べたが，再度その概要を述べておこう。二つの風船に異なる量の水を入れる。両手でそれぞれの風船を持ったときに，明らかに重さが違うくらいに水の量を変える。ここでも強調するが，二つの風船を持って重さの違いを実感することは重要である。

二つの風船を同時に静かに落とす。落下する音は一度しか聞こえない。二つの風船は同時に落ちるとわかる。落下距離は少なくとも7m（3階くらい）をとって実験すると，実感できるのではないだろうか。

3 落下運動は等加速度運動であることを検証する実験[2]

3-1 この実験で必要な器具の製作

3-1-1 おもりの製作

用意するもの 釣り用のおもり（6個, 10号程度），クリップ（6個）

作り方

図Ⅰ-3のように，折り曲げたクリップに釣り用のおもりを取り付ける。

クリップ

釣り用のおもり

図Ⅰ-3 おもり

3-1-2 ものさしの製作

タコ糸におもりを取り付ける位置を決めるためのものさしを作る。

用意するもの 板（2枚, 幅約4 cm, 長さ1 m）, 木ネジ（6個）, ノコギリ, 木工用ボンド, 釘（8本）, ハンマー

製作方法

（1） 2枚の板を長さ92 cmに切る。

（2） 切った残りの板で, 長さ3 cmのものを2枚, 長さ4 cmのものを1枚作る。

（3） 図I-4（a）,（b）のように,（1）,（2）で用意した板をつなぎ合わせる。

（4） つないだ板に, 図I-4（c）のように, 0 cm, 20 cm, 60 cm, 100 cm, 140 cm, 180 cmのところに目盛りをつける。0 cmの目盛りは, 板の端から2 cmくらいのところにつける。図I-5のように, 各目盛りに印として木ネジをねじ込む。

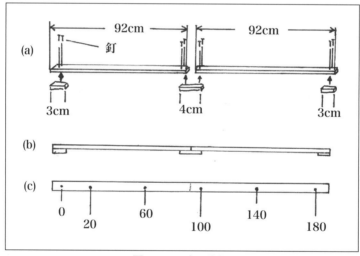

図I-4 ものさし

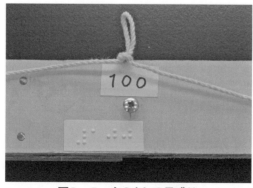

図I-5 ものさしの目盛り

3-2 検証実験の概要

「落下運動は，等加速度運動である」と仮定する。この仮定が正しいとして，タコ糸に取り付けたおもりが金属板に当たる音がメトロノームのようにリズミカルに聞こえるようにする。そのためには，タコ糸の先端Oからそれぞれのおもりまでの距離の比を図I－2のように取り付ければよい。したがって，図I－2の実験を行っておもりが金属板に衝突する音がリズミカルに聞こえれば，落下運動は等加速度運動であると結論できる。

この実験に疑問を抱く生徒がいるはずである。たとえば，糸が互いのおもりの運動の邪魔をするのではないかと。疑問を抱いた生徒を「よく考えているね」と褒めよう。そして，この疑問を生徒全員で共有する。この疑問を抱いた生徒が納得する説明を他の生徒が気づくまで待てるか，または，気づくためのヒントを与えられるかが教師の力の見せ所である。決して教師が即答してはいけない。教師の仕事は，落下運動は質量に依存しないことを生徒に注目させるよう誘導することである。必ず，正しい考えを導く生徒がいる。導く生徒は，物理の楽しさを味わうに違いない。このような，機会を作るのが教師の役目である。

良い疑問は，理解を深める良い機会になる。

ちなみに，正解は，落下運動は質量に依存しないので，糸とおもりの落下運動は，落下につれて速度は増していくが，どの一瞬を切り取っても，その時刻においては落下中の糸とおもりの速度は等しい。したがって，糸に張力ははたらかない。おもりの運動を妨げない。

3-2-1 ものさしの利用方法

製作したものさしを使って，タコ糸におもりを取り付ける位置を決める。図I－2のように，おもりを取り付ける位置は，タコ糸の先端Oから長さの比が，1,4,9,16,25のところである。1に相当する長さを20 cmにすると，表I－1の「Oからの距離」の欄から，すべてのおもりの位置が決まる。製作したものさしの目盛りの値は，表I－1のA欄と一致する。A欄の値は，隣り合うおもりの距離で表しているので，ものさしを使って隣り合うおもりの位置を決めることができる。

表I－1　比

A：隣り合うおもりの距離
B：A欄の差

比	Oからの距離	A	B
0	0		
		20	
1	20		40
		60	
4	80		40
		100	
9	180		40
		140	
16	320		40
		180	
25	500		
	cm	cm	cm

1に相当する長さを20 cmに決めた理由は，20 cmにすると，おもりが落下して金属板に落下する音の間隔が約0.2秒になり，この間隔なら同じリズムで鳴っていることをかなり正確に感じ取れるからである。

用意するもの　タコ糸，製作したものさし，クリップを付けたおもり（6個），ハサミ，金属板（サイズは，約50 cm×約50 cm　地面に金属板を置いたときに板の中心が地面に接しないように金属板を反らせて反響を良くする）

実験方法

（1）　タコ糸の先端を結んで輪を作る。

（2）　その輪の根元をものさしの目盛り0の位置にし，手で固定する。

（3）　タコ糸をものさしに沿って伸ばし目盛り20 cmで輪を作る。このとき，作った輪の根元をものさしの目盛り20 cmの位置にする。どの輪の大きさもタコ糸の先端の輪と同じくらいにする。

（4）　目盛り20 cmで作った輪の根元をものさしの目盛り0に移動し，手で固定する。残りのタコ糸をものさしに沿って伸ばし目盛り60 cmで輪を作る。

（5）　同様にして，ものさしの目盛り100 cm，140 cm，180 cmまで輪を作っていく。糸の輪は先端を含め，6カ所である。

（6）　まず，タコ糸の先端だけにおもりを取り付ける。クリップを折り曲げたところのY字にタコ糸の輪を掛けて引き，図Ⅰ-6のように，タコ糸の輪におもりを取り付ける。

（7）　タコ糸を落下させる場所（3階くらい）からタコ糸を地面に接地するまで，繰り出していく。おもりが接地すると，タコ糸を持っている手に加えられている力をほとんど感じなくなる。

（8）　タコ糸を持っている手の位置よりさらに1 mほど長いところで糸を切る。

（9）　タコ糸を一旦回収し，すべての輪におもりを付ける。このとき，タコ糸が絡まないように注意する。

（10）　タコ糸の先端のおもりから，再びタコ糸を繰り出していく。

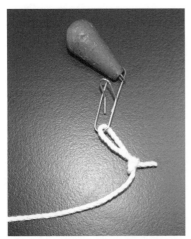

図Ⅰ-6　輪におもりを取り付ける

図Ⅰ-7　落下地点の金属板

(11) タコ糸を持つ役割は，生徒にさせる。その生徒を教室に残し，残りの生徒と教師は，落下地点に移動する。そのとき，金属板を持っていく。

(12) おもりが落下する地点に金属板を置く。

(13) 図Ⅰ－7のように，タコ糸の先端のおもりが金属板に接するように，タコ糸を持つ生徒に具体的に指示をする。例えば，「5 cm 下」などである。

(14) カウントダウンして，糸から手を離す。カウントダウンをすると音を聞く準備ができる。

実験結果

　おもりが金属板に衝突する音がメトロノームのように等間隔になるのがわかる。教室でタコ糸を持っている生徒にも衝突音がはっきり聞こえる。

　落下運動は等加速度運動をすることがわかる。仮定は正しい。
　素朴な実験であるが，生徒たちには印象に残る実験である。

参考文献

[1] 石﨑喜治「落下運動の工夫」，日本視覚障害理科教育研究会『JASEB NEWS LETTER』No.4-5 合併号，1986 年，p21.

[2] 石﨑喜治「物体の落下運動Ⅰ」，ジアース教育新社『視覚障害教育ブックレット』Vol.23，2014 年，p82.
　石﨑喜治「物体の落下運動Ⅱ」，ジアース教育新社『視覚障害教育ブックレット』Vol.24，2014 年，p60.

無線式スイッチと電磁石を使った実験

　運動する物体に，無線で作動する器具を載せることができれば，実験の可能性が広がる。さらに，運動に限らずいろいろな場面での利用が考えられる。

　無線式スイッチは，模型のラジコンを利用して作る。そのため，電子回路が苦手な人でも簡単に作ることができる。

　このスイッチはコントローラーと無線で作動するスイッチ本体からできている。本体には，出力端子を取り付け，コントローラーのレバーで，この出力端子に電圧をかけられる。

1　実験例

　製作方法を紹介する前に，このスイッチを電磁石に使ったときどのような実験が可能かその概要を紹介する。

1-1　等速直線運動をする力学台車上での落下運動

　図II－1のように，力学台車に電磁石を取り付け，等速直線運動をする力学台車上の

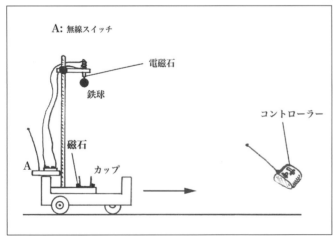
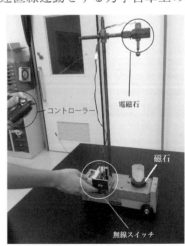

図II－1　等速直線運動

電磁石から落下する鉄球の運動を観察する。これはよく知られた実験である。通常この実験は，電源と力学台車に固定されている電磁石を導線で結ぶ。そのため，導線が力学台車の運動を妨げることもある。無線式スイッチなら，台車の運動を妨げることもなく，しかも手早く実験ができる。

1-2 等速直線運動する斜面上の球の運動

図Ⅱ-2のように，動く斜面（力学台車に取り付けた斜面）に電磁石を取り付ける。その斜面上に紙を敷き，電磁石に墨の付いた鉄球を付ける。動く斜面が等速直線運動しているときに電磁石のスイッチを切る。すると鉄球が斜面上を転がり，その運動の軌跡が紙に記される。動く斜面が等速直線運動だけでなく，等加速度運動のときにも観察することができる。

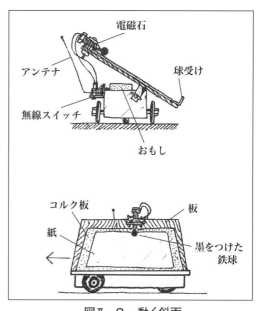

図Ⅱ-2　動く斜面

1-3 回転座標系上の球の運動

図Ⅱ-3のように，電磁石を付けたレールが固定してある板を回転台の上に置く。置いた板の上に紙を敷き，電磁石に墨の付いた鉄球を付ける。台を回転させ電磁石のスイッチを切る。すると鉄球がレールを転がり紙の上で運動する。この球の運動の軌跡が紙に記録される。コリオリの力（慣性力）による鉄球の運動が観察できる。

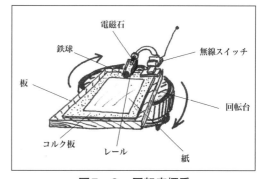

図Ⅱ-3　回転座標系

2　無線式スイッチの製作[1]

　図Ⅱ－4が工作する前のラジコンの模型である。コントローラーは，そのまま使う。図Ⅱ－5が，完成した無線式スイッチ（コントローラーと本体）である。模型のラジコンがあれば，2～3時間ほどで作ることができる。

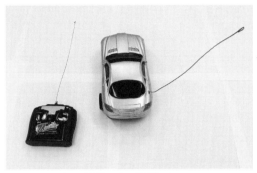

図Ⅱ－4　ラジコン　　　　　　　　　　図Ⅱ－5　完成品

用意するもの　車のラジコン，ペンチ，はんだごて，はんだ，ドライバー，電池ボックス（電池のサイズはラジコンの製品による），導線，板，木工用ボンド，ノコギリ，木ネジ（2個），鉄板（厚さ2 mm～3 mm，サイズは図Ⅱ－8を参照），ターミナル（色が異なるもの　2個），ビニルテープ，はさみ，電動ドリル，ポンチ，ハンマー，カッター，カッターマット
　　　　　ラジコンの製品により，基板のサイズが異なるので材料のサイズは明記していない。電池ボックスは，ラジコンの電圧と同じになるものを用意する。

製作方法

（1）　ラジコンの車を分解する。

（2）　内部は，製品によって異なるが，図Ⅱ－6のように，基板から3組の導線が出ているはずである。そのうち，A，Bの2組はモーターに，1組は電池につながっている。電池とつながっている導線には，基板と電源の間にスイッチがある。このスイッチも使用する。モーターや電池と接続された部分を，はんだごてを使ってはんだを溶かして外す。電池とつながっている導線を外すときは，それぞれの極性を確認し，＋極につながっている導線には目印のためにビニルテープを貼る。

（3）　図Ⅱ－7のように，コントローラーの二つのレバーの一方がAを，もう一方がBを流れる電流を制御する。後で，A，Bのどちらか（どちらでも良い）を，図Ⅱ－8（b）のように，本体の出力端子とつなぐ。

（4）　本体の土台となる鉄板に二つの穴を開ける。鉄板に穴を開ける方法は，「付録3　金属に穴を開ける方法」に示してある。この穴は土台となる鉄板を本体の木の板に木ネジで固定するために使う。

（5）　図II−8（a）のように，本体のスイッチ（電池ボックスとつながっていた導線の途中にある）を設置する穴と，出力端子用の二つの穴を開ける。

（6）　図II−8（a）のように，基板と電池ボックスを設置するための本体の土台を作る。木と木の接着には，木工用ボンドを用いる。

（7）　図II−8（b）のように，土台に基板，電池ボックス，ターミナル（出力端子），スイッチを設置する。

（8）　A，Bのうち使用する方を本体の二つのターミナルとつなぐ。

（9）　A，Bのうち使用しないものを絶縁するために，先端のむき出しになった金属線の部分にビニルテープを貼る。

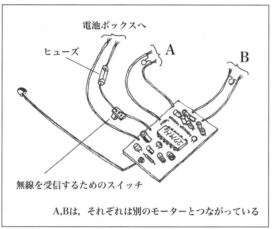

図II−6　ラジコンの車の分解

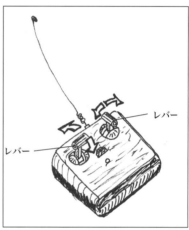

図II−7　コントローラー

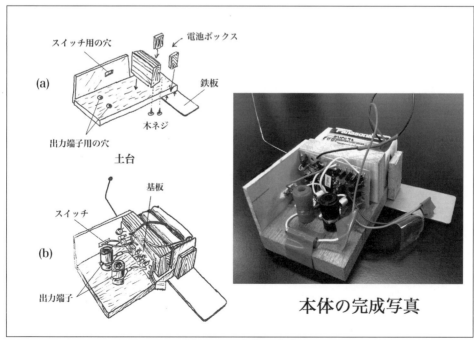

図II−8　本体の完成

3　電磁石の製作

用意するもの　ボルト（M8 か M10，強磁性体のもの，例えば鉄，長さ約 7 cm），ナット（ボルトの規格と同じもの），ホルマル線，紙ヤスリ，金属製ヤスリ，導線（2 本），バナナプラグ（2個），ビニルテープ，ワイヤーストリッパー，はんだごて，はんだ

製作方法

（1）　ボルトにナットをはめ込み，一旦ナットをボルトの頭付近までねじ込む。

（2）　ボルトの先端を金属製のヤスリで円錐形に削る。安全のため先端は丸める。このボルトを電磁石の芯として使い，円錐形に削ったところに鉄球を付ける。

（3）　ボルトの頭付近にあるナットをボルトの削った付近まで戻す。

（4）　ホルマル線の先端を約 5 cm 残して，ボルトの頭とナットの間に巻いていく。

（5）　ボルトの頭やナットの高さまでの範囲で，可能な限り多く，かつ，きれいに巻く。きれいに巻くと，実験のとき電磁石をスタンドなどに固定しやすい。

（6）　巻き終わったホルマル線を約 5 cm 残して切断する。

（7）　図Ⅱ－9のように，ホルマル線が解けないように，ボルトの頭付近をビニルテープで巻く。

（8）　ボルトの頭から出ている 2 本のホルマル線の先端から 1 cm ほどを紙ヤスリで被覆を剥がす。

（9）　2 本のそれぞれの導線の両端を，約 1 cm 被覆を剥がす。

（10）　それぞれのバナナプラグを分解して，柄とプラグに分ける。

（11）　それぞれの導線の一方の端を分解したバナナプラグのそれぞれの金属部分に差し込んではんだ付けをする。

（12）　はんだ付けした部分が冷えたら，二つの柄の部分をそれぞれの導線に通し，柄をバナナプラグの金属部分の溝に沿って回して元に戻す。

（13）　それぞれの導線のもう一方の端とそれぞれのホルマル線（被覆を剥がした部分）をはんだ付けする。

（14）　（13）ではんだ付けをしたところが通電しないようにビニルテープで絶縁する。

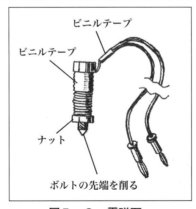

図Ⅱ－9　電磁石

4 無線式スイッチと電磁石を使った実験

4-1 等速直線運動する力学台車上での鉄球の落下運動

用意するもの 無線式スイッチ（コントローラーと本体），電磁石，実験スタンド，力学台車，鉄球（直径約 12 mm），カップ（口径を鉄球の直径の3倍程度にする），フェライト磁石（ドーナッツ型），ネオジム磁石（直径約 15 mm）

実験方法

（1） 実験スタンドに電磁石を固定する。電磁石は可能な限り高くし落下距離を長くする。

（2） 力学台車に実験スタンドを載せる。スタンドが安定しないときは，おもし（例えばレンガ）を力学台車あるいは，スタンドに載せる。

（3） 電磁石につながっている二つのバナナプラグを無線式スイッチの本体の出力端子（ターミナル）にそれぞれ接続する。

（4） 図Ⅱ－10のように，無線式スイッチの本体の鉄板部分と力学台車をネオジム磁石で固定する。

（5） 電磁石の真下にカップの中心が位置するように，カップを実験スタンドの台に載せる。カップに図Ⅱ－11のように，ポリ容器を使うときは容器の底の部分を切断し，逆さにして使う。ポリ容器のふたの大きさをドーナッツ型のフェライト磁石の穴に合わせると，ポリ容器の口の部分を磁石に差し込んでしっかり固定できる。缶を使うときも磁石で固定できる。

（6） 本体のスイッチとコントローラーのスイッチを ON にする。

（7） コントローラーのレバーを制御して，本体の出力端子に電圧をかける。

（8） 電磁石に鉄球を付ける。

（9） 力学台車を静止した状態で，レバーから手を離し，電磁石に流れている電流を止める。図Ⅱ－12のように，鉄球がカップに入ることを確認する。入らないときは，カップの位置を調整する。

（10） レバーを操作して電磁石に電流を流し，鉄球を付ける。力学台車を手で押し，押した手が台車から離れたら，適当なところで，レバーから手を離し電磁石に流れている電流を切る。

（11） 鉄球が落下し，鉄球がカップに入るか観察する。

（12） 台車の速さを変えて，この実験を 2，3 回繰り返す。

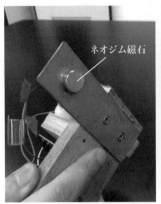

図Ⅱ－10　スイッチの本体を力学台車に磁石で付ける

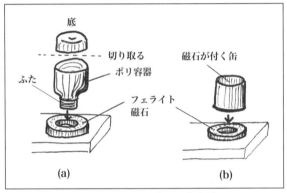

図Ⅱ－11　カップの固定方法

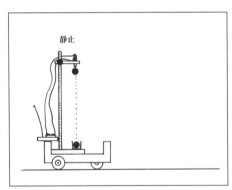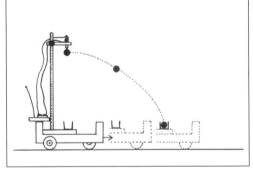

図Ⅱ－12　カップの位置の確認

図Ⅱ－13
等速直線運動しているときの球の落下

実験結果

常に，鉄球はカップに入る。

鉄球が落下している間，鉄球の水平方向の速さは，力学台車の速さと等しい。

4-2　動く斜面上の球の運動

4-2-1　動く斜面の製作

用意するもの　力学台車，製作した電磁石，ドライバー，電動ドリル，ポンチ，ハンマー，木工用ノコギリ，金属用ノコギリ，木工用ボンド

　この他に図Ⅱ－14の材料：板A（厚さ10 mm），コルク板B（サイズB4），アルミニウムのアングルC（長さ440 mm，厚さ1 mm，両端の20 mmを図のようにカットする），金属板D（電磁石を固定する，dは電磁石の幅より大きくする），蝶ネジE（4個，長さ約50 mm），木ネジF（6個），金属のアングルG（2個）

*図Ⅱ－14の材料を用意するときに，C,D,Gの金具に穴を開けなければならない。これは，電動ドリル，ポンチを使って工作する。金属に穴を開ける方法は，「付録3　金属に穴を開ける方法」に示してある。

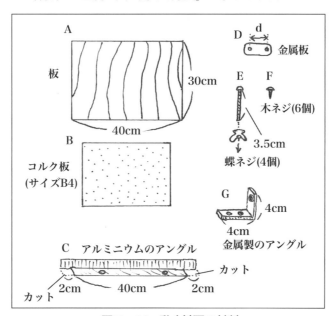

図Ⅱ－14　動く斜面の材料

製作方法

（1）　図Ⅱ－15（b）のように，アングルCを板Aの下端に木ネジFで固定する。

（2）　コルク板Bを板Aに木工用ボンドで接着する。コルク板Bの下端とアングルCが接するように，コルク板を固定する。

（3）　図Ⅱ－15（a）のように，金属板Dを板Aに固定するための穴を板Aに開ける。その位置は，図Ⅱ－15（c）のように，コルク板よりも上側にする。

（4）　図Ⅱ－15（a），（c）のように，板Ａと金属板Ｄの間に電磁石を挟み，ＡとＤを蝶ネジＥで締め付け，電磁石を固定する。

（5）　図Ⅱ－15（a）のように，力学台車の前後にネジＥを通すための穴を一つずつ開ける。穴の位置は，図Ⅱ－15（d）のように，力学台車の端の近くにする。このネジＥで力学台車と斜面を固定する。

（6）　アングルＧを板Ａに固定する位置を決めるために，次の作業をする。（5）で開けた二つの穴とアングルＧの穴の位置を一致させ，その穴にネジＥを水平に通し，図Ⅱ－15（a）のように，力学台車にアングルＧを蝶形のナットで固定する。

（7）　板Ａの下端の辺が力学台車の長い方向と平行になるようにして，板Ａを力学台車の上に置く。このときのアングルＧの穴の位置を板Ａに印をつける。

（8）　一旦，アングルＧを力学台車から取り外し，板Ａにつけた印の位置にアングルＧを木ネジＦで固定する。

（9）　板Ａに取り付けたアングルＧと力学台車をネジＥで再び固定する。

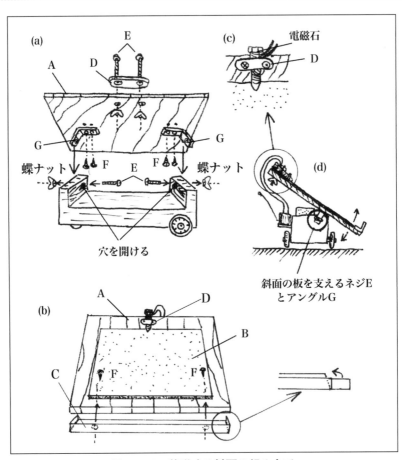

図Ⅱ－15　移動する斜面の組み立て

4-2-2 動く斜面の実験

三つの実験を紹介する。

(a) 動く斜面が水平面上で等速直線運動をする場合

(b) 動く斜面が水平面上で等加速度運動をする場合

(c) 動く斜面が斜面上で運動をする場合

これらの実験は，慣性力の学習に役立つ。

鉄球を水や食塩水の中に入れて腐食させ，鉄球に墨がよく付くようにしておく。

(a) 動く斜面が水平面上で等速直線運動をする場合

用意するもの 無線式スイッチ，ネオジム磁石，動く斜面，紙 (サイズ A4)，画鋲 (2 個)，墨汁，小皿，腐食させた鉄球 (直径 2 cm くらい)，おもし (2個，レンガなど)

実験方法

(1) 水平な実験机の上に力学台車を置く。

(2) 図 II－16 のように，無線式スイッチの本体の鉄板にネオジム磁石を付ける。

(3) 図 II－17 のように，無線式スイッチの本体に付けたネオジム磁石を利用して，本体を力学台車に固定する。

(4) 図 II－17 のように，力学台車におもしを載せ,力学台車を安定させる。

(5) 電磁石の導線の先端に付いているバナナプラグを無線式スイッチの本体の出力端子に接続する。

(6) 小皿に墨汁を少し入れ，水を加え適度な粘度にする。鉄球に墨を付け紙の上で転がし，その軌跡がわかり，よく転がるように墨の濃度を調節する。

(7) 斜面に白紙（サイズ A4）を置き，画鋲で固定する。

(8) コントローラーと本体のスイッチを ON にする。

(9) コントローラーのレバーを操作して，本体の出力端子に電圧をかける。電磁石に電流が流れる。

(10) 墨をつけた鉄球を電磁石に付ける。

(11) 力学台車を手で押す。

(12) 力学台車を押した後，コントローラーのレバーから手を離す。

(13) 鉄球が斜面を転がり紙に軌跡が残る。鉄球の大きさが直径 2 cm くらいにすると，鉄球に墨がたっぷり付き，紙に軌跡がしっかり残る。

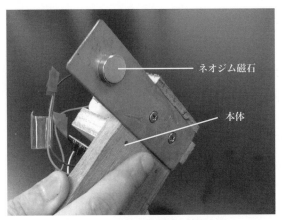

図Ⅱ－16　ネオジム磁石を付ける

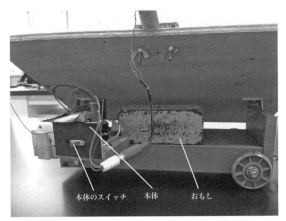

図Ⅱ－17　力学台車に本体を固定する

実験結果

図Ⅱ－18 のようになる。慣性力ははたらかない。

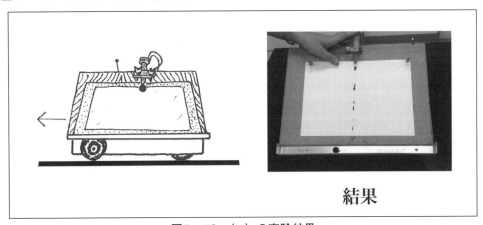

図Ⅱ－18　（a）の実験結果

（b）動く斜面が水平面上で等加速度運動をする場合

用意するもの 実験（a）で使ったもの，タコ糸（長さ約 1.5 m），ネオジム磁石（小），クランプ付き滑車[2]，おもり（約 100 g），ブロック（レンガなど）

実験方法

（1） 図Ⅱ－ 19 のように，クランプ付き滑車を実験机の端に固定する。
（2） タコ糸の一端を動く斜面を取り付けてある力学台車の進行方向の金属部にネオジム磁石で固定する。
（3） タコ糸の他端を結んで輪を作る。
（4） 動く斜面を取り付けてある力学台車の前方にブロックを置いて，力学台車が前方に動かないようにする。
（5） タコ糸の端の輪におもりを吊り下げ，タコ糸を滑車に通す。
（6） タコ糸を張った状態で，動く斜面と滑車をつなぐタコ糸が机の面と平行になるように，力学台車とタコ糸を取り付けているネオジム磁石の位置を変える。
（7） コントローラーと本体のスイッチを ON にして，コントローラーのレバーを操作し，本体の出力端子に電圧をかける。
（8） 墨を付けた鉄球を電磁石に付ける。
（9） 力学台車が動かないように置いてあるブロックを取り除く。力学台車が運動を始めたら，適当なところで，コントローラーのレバーから手を離す。電磁石に流れている電流が止まる。
（10） 鉄球が斜面を転がり軌跡が紙に残る。

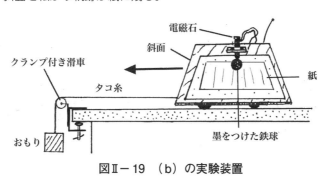

電磁石
斜面
クランプ付き滑車
紙
タコ糸
おもり
墨をつけた鉄球

図Ⅱ－ 19 （b）の実験装置

実験結果

　球の軌跡は図Ⅱ－ 20 のようになり，慣性力がはたらくことがわかる。

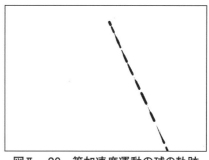

図Ⅱ－ 20 等加速度運動の球の軌跡

（c）動く斜面が斜面上で運動をする場合

用意するもの 実験（a）で使ったもの，板（長さ約 1 m），ラボラトリージャッキ

実験方法

（1） 図Ⅱ－ 21 のように，板とラボラトリー
ジャッキを使って緩やかな斜面を作る。
（2） 斜面の上部に力学台車を置き，手で支える。
（3） コントローラーと本体のスイッチをともに
ON にし，コントローラーのレバーを操作し，
本体の出力端子に電圧をかける。
（4） 墨が付いた鉄球を電磁石に付ける。
（5） 力学台車を支えている手を離し，力学台車
が動き始めたら，適当なところで，コントローラーのレバーから手を離す。電磁石に流れ
ている電流が止まる。
（6） 鉄球が力学台車に固定した斜面上を転がり，その軌跡が紙に残る。

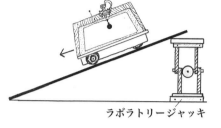

ラボラトリージャッキ

図Ⅱ－ 21 （c）の実験装置

実験結果

鉄球の軌跡は図Ⅱ－ 22 のようになる。力学台車に固
定した斜面が緩やかな斜面を下るとき，力学台車の運動
方向と反対向きにはたらく慣性力と重力の合力で，鉄球
の軌跡は水平面上を斜面が等速直線運動するときと同じ
軌跡になる。

図Ⅱ－ 22
斜面を運動するときの球の軌跡

斜面上を，墨を付けた球を転がす実験を思いつくきっ
かけは，視覚障害者用に使われているカプセルペーパー（通
称立体コピー用紙）を使える実験はないかと検討したと
きだった。カプセルペーパーは，通常よりわずかに厚い用
紙で，片側に特殊な塗料が吹き付けてある。このカプセル
ペーパーの塗料が吹き付けてある面に，赤外線を吸収する
インク（コピー機に使われているカーボンや墨など）を使っ

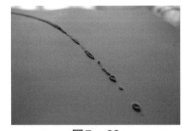

図Ⅱ－ 23
カプセルペーパーに記録された軌跡

て線などを描き，専用の現像機を利用すると，その線が浮き上がる仕組みになっている。
図Ⅱ－ 23 は，斜面上に置いたカプセルペーパーの上を，墨を付けた鉄球が転がった軌跡（放
物線）である。動く斜面を作れば，慣性力を示す実験ができると考えた。

参考文献等

[1] 石﨑喜治「無線式スイッチの製作」，物理教育研究会『物理教育通信』159 号，2014 年，p12.
[2] 株式会社ナリカから市販されている。カタログ No.C15-1146 プランプ付き滑車 PC2
問い合わせ先　株式会社ナリカ　Email support@rika.com TEL 0120-700-746　HP https://narika.jp/

【力学】

Ⅲ

音を頼りにした運動量保存

　音による観察は，ときに見る観察に勝ることがある。この「音を頼りにした運動量保存の観察」も，その一例である。

　仕組みは至って簡単である。図Ⅲ−1のように，2台の力学台車に取り付けられてあるそれぞれのばねどうしを押し縮めた状態で，2台の力学台車の突起部分を糸で結び，静止させる。力学台車が運動する方向に，二つのブロック（例えば，レンガ）をそれぞれ置く。力学台車からの距離は，運動量保存の法則から2台の力学台車がそれぞれのブロックに同時に衝突すると予想されるところにする。例えば，2台の力学台車の質量が等しければ，それぞれの力学台車から等しい距離にブロックを置く。糸を焼き切ると，2台の力学台車は反対方向に動き出し，それぞれのレンガに向かって運動する。2台の力学台車がそれぞれのレンガに衝突する音が同時に聞こえる。目を閉じて音に集中すると，想像以上に敏感に感じとれる。

　手軽にできる実験で，かつ，正確な実験である。

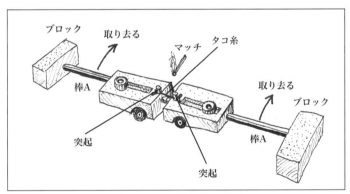

図Ⅲ−1　力学台車の設置

1　運動量保存の法則の検証実験

用意するもの　力学台車（3台，同じ規格のもの），ブロック（2個，レンガなど），棒A（2本，長さ約20 cm），棒B（1本，長さは棒Aの2倍），タコ糸，ハサミ，マッチ，燃えさし入れ

事前に行って おくこと	実験をする机が水平なことを確認する。力学台車を机の上に置いて力学台車が動き出さなければ実験に支障はない。力学台車の車輪が滑らかに回転するように，粘性の小さいオイルを車軸に付ける。

実験方法

2台の力学台車の質量が等しいとき

（1） 図Ⅲ－1のように，2台の力学台車のばねを押し付けて力学台車の突起部分どうしをタコ糸で結ぶ。

（2） 図Ⅲ－1のように，力学台車を静止した状態で，2本の棒Aを使ってそれぞれの力学台車から等しい距離にブロックを置く。

（3） 2台の力学台車が動かないように，ゆっくりと2本の棒Aを取り去る。

（4） マッチに火をつけ，その火でタコ糸を焼き切る。

（5） 2台の力学台車は動き出す。

（6） 図Ⅲ－2のように，それぞれの力学台車がブロックに衝突するときの衝突音が同時に聞こえるかを観察する。

2台の力学台車の質量の比が1：2のとき

（7） 図Ⅲ－1のように，2台の力学台車のばねを押し付けて力学台車の突起部分どうしをタコ糸で結ぶ。

（8） 一方の力学台車に，あらたに1台の力学台車を載せ，力学台車の質量を2倍にする。

（9） 力学台車を静止した状態で，1台のみの力学台車の方は棒Bを使って，力学台車を載せてある力学台車の方は棒Aを使って距離を測りブロックを置く。

（10） 再びタコ糸を焼き切る。

（11） それぞれの力学台車は動き出す。

（12） それぞれの力学台車がブロックに衝突するときの衝突音が同時に聞こえるかを観察する。

実験結果

　どちらの実験も衝突音は1回だけ聞こえる。どちらの力学台車も，ブロックに同時に衝突する。

　タコ糸が切れる前と後で，運動量が等しいことを確認できる。

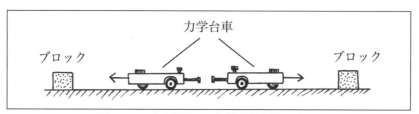

図Ⅲ－2　音を頼りにした運動量保存の観察

【力学】
Ⅳ

力学台車を使った単振動[1]

　力学台車を使った単振動は，入試などに出題される問題の一つである。

　この実験は，ばね定数を変えたり，力学台車の質量を変えたりしたときの周期を測定し，理論値と比較する。

　図Ⅳ-1のように，この実験は，力学台車が動く音を聞いて，力学台車が速くなったり，止まったりする様子を知ることができる

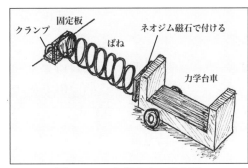

図Ⅳ-1　力学台車の単振動

ので，視覚に障害のある生徒にも現象が理解できる実験でもある。

1　力学台車を使った単振動の周期

　条件をいろいろ変えて，単振動の周期を理論的に求め，測定結果と比較する。

（a）図Ⅳ-2（a）のように，力学台車を水平な面上に置いたとき

（b）図Ⅳ-2（b）のように，力学台車の質量を2倍に変えたとき

（c）図Ⅳ-2（c）のように，ばね定数を2倍にしたとき

（d）図Ⅳ-3のように，装置を斜面上に置いたとき

（e）図Ⅳ-4のように，力学台車の前後にばね定数が等しい二つのばねを取り付けたとき

（f）（a）で質量を4倍にしたとき（図なし）

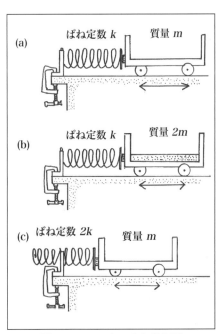

図Ⅳ-2　いろいろな単振動

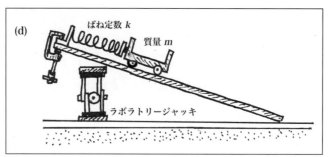

図Ⅳ-3　斜面での単振動

図Ⅳ-4　二つのばねを使った単振動

のそれぞれの条件の周期の理論値は，ばね定数をk，力学台車の質量をmとして，下記のようになる。

各条件の周期

（a）の周期　　　　　　　　　　　　　$T_a = 2\pi\sqrt{\dfrac{m}{k}}$

（b）の周期（質量$2m$）　　　　　　　$T_b = 2\pi\sqrt{\dfrac{2m}{k}} = \sqrt{2}\,T_a$

（c）の周期（ばね定数$2k$）　　　　　$T_c = 2\pi\sqrt{\dfrac{m}{2k}} = \dfrac{\sqrt{2}}{2}\,T_a$

（d）の周期（斜面）　　　　　　　　　$T_d = 2\pi\sqrt{\dfrac{m}{k}} = T_a$

（e）の周期（ばねを二つ使う）　　　　$T_e = 2\pi\sqrt{\dfrac{m}{2k}} = T_c = \dfrac{\sqrt{2}}{2}\,T_a$

（f）の周期（質量$4m$）　　　　　　　$T_f = 2\pi\sqrt{\dfrac{4m}{k}} = 2\,T_a$

2　単振動の検証実験

各周期を測定し，それぞれの測定値の比とそれぞれの理論値の比を比較する。

用意するもの　ばねとばねを固定する器具[2]（2セット [図Ⅳ-5]），力学台車，おもり[3]（3個 市販品，1個の質量が力学台車の質量に等しい），ネオジム磁石（2個），板（長さ約1m），ラボラトリージャッキ，ストップウォッチ

実験手順

（1）　図Ⅳ-5のように，ばねを固定する器具Aをクランプで実験机に固定する。

（2）　ばねの端を，（1）で固定した器具に差し込む。

（3）　ばねの一方の端に取り付けてある板B（鉄製）と力学台車をネオジム磁石で固定する。

（4）　（a）の条件で，周期を求める。そのために，力学台車をばねが伸びる方向に伸ばし，力学台車から手を離す。

（5）　5往復にかかる時間を測定し，1往復の時間を求める。

（6）　次に，（b）～（f）の条件で，周期を測定する。（c）のばね定数を2倍にする実験は，ばねの長さの半分のところを固定する（ばねの長さを半分にする）。（e）の二つのばねを使う実験は，力学台車が静止しているとき，ばねは伸び縮みしていない状態にする。

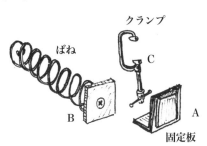

図Ⅳ-5　ばねとばねを固定する器具

実験結果

各条件の測定値は，表Ⅳ-1の周期（s）の欄に示してある。条件（a）の周期を基準にしたときの各周期の測定値の比は，表Ⅳ-1の右端の欄である。

測定値の比の値と周期の理論値の係数を比較すると，両者はほぼ一致している。

表Ⅳ-1　各条件のときの周期

条件	周期（理論値）	5往復(s)	周期(s)	比
(a)	T_a	4.83	0.97	1.0
(b)	$\sqrt{2}\,T_a$	6.74	1.3	1.3
(c)	$\dfrac{\sqrt{2}}{2}T_a$	3.38	0.68	0.7
(d)	T_a	4.95	0.99	1.0
(e)	$\dfrac{\sqrt{2}}{2}T_a$	3.62	0.72	0.7
(f)	$2T_a$	9.53	1.9	2.0

湯口秀敏氏[4]は，実験器具を自作している。

器具を自作する人のために，実験で使ったばねのデータを示す。

〈圧縮ばね〉

ばね定数	42 N/m
自然の長さ	21 cm
直径	5 cm
巻き数	30 回

ばね定数がわかっていると，周期から物体の質量を求めることができる。国際宇宙ステーションでは，宇宙飛行士の体重を測定するためにこの方法を用いている。宇宙船に固定されたばねに宇宙飛行士が掴まり，振動する周期を測定して宇宙飛行士の質量（体重）を求めている。動画サイトで，「宇宙　体重計」で検索すると，その様子を見ることができる。

参考文献等

[1] 石崎喜治「単振動を実感させる把握させるいくつかの実験」，日本視覚障害理科教育研究会『JASEB NEWS LETTER』No.16，1997 年，p25.

[2] 株式会社ナリカから 1 セット 8,000 円で購入したが，現在市販はされていない。2020 年 1 月にナリカの会長さんとお会いし，このばねは利用価値があるので販売を再開してほしいと話をしたところ，「要望が多ければ検討します」と答えていただいた。関心のある方は，ぜひ問い合わせしてください。

問い合わせ先　株式会社ナリカ　E-mail support@rika.com TEL 0120-700-746　HP https://narika.jp/

[3] 株式会社ナリカから市販されている。カタログ No.C15-1622-01 力学台車用のおもり（DY-5 用）

[4] 湯口秀敏「力学に関する演示実験 3. 単振動の実験と実験台」，物理教育研究会『物理教育通信』No.173，2018 年，p34.

単振り子のおもりの運動を記録タイマーで記録[1]

感光器（光の明暗を音の高低に変える器具）[2] を使って単振り子の周期を測定すると，全盲の生徒も精度の高い結果が得られる。感光器を使ったこの方法は，晴眼の生徒にとっても肉眼による測定より高い精度の結果が得られる。筆者の後任の平野祐希子氏は，以前教えていた晴眼の生徒の測定よりも，精度が高いと驚いた。

まず，この方法による周期の測定を紹介する。その後で，記録タイマーを使った単振り子のおもりの運動の記録の方法を紹介する。

記録タイマーを使った方法は，おもりの運動の変化を紙テープに記録する。そのため，単振り子のおもりの運動の変化をグラフにすることができ，おもりの運動の様子がよくわかる。

1 感光器を使った単振り子の周期の測定

用意するもの 実験スタンド，タコ糸（長さ約 1 m），デジタル感光器[2]（以降　感光器），椅子，フック付きおもり（20 g 程度），蛍光灯，巻き尺，ストップウォッチ

実験方法

（1） 実験机の一辺に沿って実験スタンドを置く。

（2） 図V－1のように，実験スタンドのクランプにタコ糸の一端を固定する。

（3） タコ糸の他端を結んで輪を作り，その輪におもりのフックをかける。

（4） タコ糸に吊り下げたおもりが床につかないように，実験スタンドのクランプの高さを調節する。

（5） クランプに固定しているタコ糸の位置から，おもりの中心までの距離（単振り子の糸の長さ L）を測る。

（6） 図V－1のように，タコ糸の前に椅子を置く。

（7） 図V－1のように，実験机の下の床に蛍光灯を置き，光源にする。

（8） 蛍光灯のスイッチを ON にする。

（9） 図V－1のように，感光器の受光部を蛍光灯に向けて，椅子の上に置く。

（10） 感光器のスイッチを ON にする。感光器は高い音が鳴る。

(11)　おもりを静止させ，図Ⅴ－2のように，感光器を，受光部を蛍光灯に向けたまま音が低くなる位置へ移動させる。音が低くなったとき，感光器の受光部はタコ糸の正面にある。

(12)　おもりをタコ糸がたるまないように引き静かにおもりから手を離す。感光器からメトロノームのように規則正しく，高い音と低い音が繰り返し鳴る。

(13)　感光器の音が低いときに時間を計り始める。このときを0回目とし，10回目までの時間を計る。

(14)　0回目から2回目までが単振り子の1往復，10回目までは5往復になる。これより，周期を求める。

実験結果

糸の長さ　　　99.5 cm

5往復の時間　9.94 秒　→　周期　1.99 秒

理論値　　　　$T = 2\pi\sqrt{\dfrac{L}{g}}$ 秒　　　g は重力加速度 9.8 m/s^2

　　　　　　　$T = 2.00$ 秒

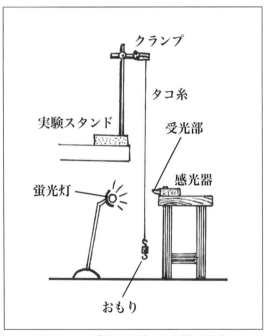

図Ⅴ－1　感光器を使った周期の測定
（横から見た図）

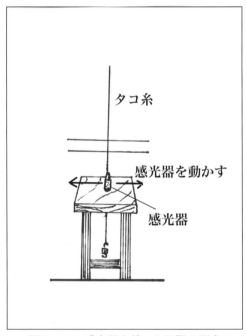

図Ⅴ－2　感光器を使った周期の測定
（正面から見た図）

　感光器の音がメトロノームのように鳴り，リズミカルな音になるのでストップウォッチを止めるタイミングが予想できるので精度が高い測定が可能になると思われる。

2 おもりの運動を記録タイマーで記録

　前述の測定方法は，視覚に障害のある生徒も周期の測定を可能にするが，おもりの運動が刻々と変化する様子を観察することはできない。運動しているおもりに触れると，その運動は即座に変わってしまう。そこで，生徒がおもりの運動の変化を観察できる方法を工夫した。おもりの質量を大きくして，手で軽くおもりに触れてもおもりの運動が変化しにくいようにした。その質量は 15 kg である。

　この試みは，想像以上の成果があった。おもりに触れて，その運動の変化を観察する当初の目的はもとより，記録タイマーを使っておもりの運動を記録できることに気づき，おもりの運動の変化のグラフも描けた。図V-3 は，記録タイマーを使って記録しているところである。紙テープのデータをプロットしたグラフが，図V-4 である。視覚に障害のある生徒だけでなく，晴眼の生徒にも実感できる素朴な教材である。

　質量の大きいおもりをしっかり支えるためには，丈夫な支点を作ることが不可欠である。支点は天井に設置した。

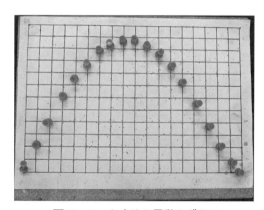

図V-4　おもりの運動のグラフ

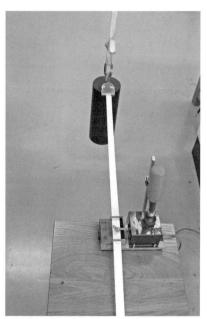

図V-3　おもりの運動を
記録タイマーで記録する

2-1　天井に支点を設置する方法

　「付録5　天井に支点を設置する方法」を参照して製作する。
　製作した支点が図V-5である。支点（アングル）に登山用の太さ9mmのロープを取り付けて，重いおもりを吊るしても安全に使えるようにした。この支点は中学部の「Ⅶ 滑車」の実験にも使用する。

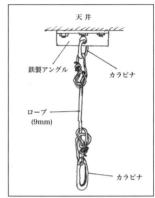

図V-5　天井の支点

2-2　おもりの製作

用意するもの　鉄の丸棒（直径約20 cm，長さ約25 cm，重さは約15 kgになる），電動ドリル，ポンチ，アイナット（M10,図V-6），ナット（M10），長ネジ（2本，M10，長さ4 cm），ねじ切り工具（タップダイスセット），金属製ヤスリ

製作方法

（1）　図V-6のように，長ネジM10をねじ込むための穴を鉄の丸棒の上面と底面の中央に開ける。開ける穴の直径は，8.7 mmである。深さは，約3 cmにする。開け方は，「付録3　金属に穴を開ける方法」に示してある。穴の直径は，ねじの規格により異なる。規格と開ける穴の直径の関係は，「付録4　ねじ切り工具（タップダイスセット）の使い方」に示してある。

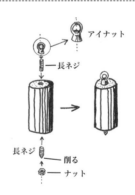

図V-6　おもりの製作

図V-7
完成した振り子

（2）　開けた穴にねじ切りをする。その方法は，「付録4　ねじ切り工具（タップダイスセット）の使い方」に示してある。

（3）　上面の開けた穴に長ネジを2 cmほどねじ込み，長ネジの突起した部分にアイナットをしっかりねじ込む。

（4）　底面の開けた穴に長ネジを2 cmほどねじ込み，長ネジの突起した部分にナットをしっかりねじ込む。

（5）　（4）の突起の部分は，図V-6のように円錐形に削る。ただし，先端は尖らせない。

2-3　おもりの運動を記録タイマーで記録

用意するもの　天井に設置した支点，製作したおもり，ロープ（太さ 6 mm，長さ 4 m），登山用カラビナ，クランプ，記録タイマー，記録タイマー用紙テープ，椅子，マグネット付きクリップ，グラフ用紙，ものさし

実験手順

（1）　図V-8のように，おもりを吊すロープを作る。ロープの両端を結んで輪を作る。ロープの長さは，おもりを吊したときに，その底面が床から高さ 20 cm 程度になるようにする。ロープの末端処理，結び方は，「付録5 天井に支点を設置する方法」に示してある。

（2）　このロープの一端の輪を図V-8のように，天井の支点と繋がっている太いロープに取り付けてあるカラビナに掛ける。

（3）　もう一方の端の輪に準備したカラビナを取り付ける。

（4）　図V-9のように，このカラビナにおもりを取り付ける。

（5）　図V-3のように，椅子に記録タイマーをクランプで固定する。

（6）　記録タイマーに紙テープをセットする。

（7）　おもりを吊してあるロープのねじれを直す（おもりを吊してからしばらく待つ）。図V-3のように，おもりの上面にマグネット付きクリップを使って紙テープを取り付ける。図V-10（a）のように，クリップは，おもりの上面の記録タイマーに最も近いところに付ける。

（8）　おもりを記録タイマー側へ引く。このとき，たるんでいる紙テープを張る。

（9）　図V-10（b）のように，おもりとロープが一直線になるようにする。これは，おもりが運動を始めたときに，単振動以外の余計な運動を防ぐためである。

（10）　記録タイマーのスイッチを ON にし，おもりを支えている手を静かに離す。

（11）　以降は，通常の手順でデータをとる。

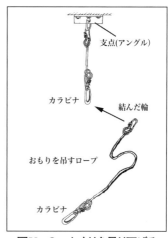

図V-8　おもりを吊り下げる

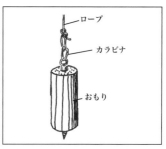

図V-9　実験のポイント

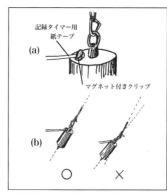

図V-10　おもりを吊すロープ

131

　実験で得られた図Ⅴ－4のグラフは，単振動の典型的なグラフの半分になっている。

　このグラフの1目盛りは，縦軸 1.0 cm，横軸 0.1 秒である。おもりの片道の時間が 1.8 秒とわかるから，周期は 3.6 秒である。おもりの速さが最も速くなるのは，片道の半分（最下点）とわかり，その時のテープの長さは，10.5 cm である。速さは，10.5 cm ÷ 0.1 秒＝ 105 cm/ 秒とわかる。

　このように，グラフから周期，最速になるおもりの位置，速さを解析することができる。おもりの運動の変化を把握できる。

　図Ⅴ－4のグラフは，記録した紙テープの打点の間隔を生徒自ら測って作成した。

　素朴な方法で，単振動のこのようなグラフが得られるとは思ってもいなかった。

参考文献等

［1］石崎喜治「単振動を実感させる把握させるいくつかの実験」，日本視覚障害理科教育研究会『JASEB NEWS LETTER』No.16，1997 年，p25.

［2］デジタル感光器：東京ヘレンケラー協会から販売されている。

雨どいを使った波動の導入実験[1] [2]

　雨どいを水路にして水波を発生させ，波の性質を調べる教材である。この教材は，波動現象を触覚によって観察することが初めて可能になった教材で，視覚に障害のある生徒たちが波動の現象を理解するためのブレークスルーとなった。

　一般に波の観察に使われる器具は，シャイブ式ウェーブマシンで高価である。しかし，雨どいを使ったこの教材は，数千円の材料費で作ることができ，かつ，その工作も簡単である。もちろん，この教材は，水波を見て観察することもでき，水波の伝わる様子をいつまで見ていても飽きない魅力がある。

　この器具で確認できる現象の一つは，シャイブ式ウェーブマシンと同様に，重ね合わせの原理である。これは，波の重要な性質である。

　さらに，水波が伝わるとき，水（媒質）の振動だけが伝わり媒質は移動しないことを，説得力を持って示すことができる。この実験をするだけでも，この装置を作る意義がある。筆者が知る限り，他の波の実験装置では，水（媒質）が移動しないことを実感できるものはない。

　加えて，波源がどのような運動をしていようとも，一旦発生した水波の伝わる速さは常に等しいことも確かめられる。波源の運動にかかわらず，伝わる速さは等しいという波の性質は，ドップラー効果を生じさせる本質的な役割をする。高校の物理ではこの性質は強調されていないが，強調した方が良い。水波の伝わる速さが波源に運動の如何にかかわらず等しいことを確かめられるのも，水路が長い雨どいを使うからこそである。

　観察した現象を，生徒が経験する日常の身近な現象と対応させて説明することは，教育において大切な手法である。筆者は実験結果と音の現象を対応させて説明をしていた。説明を聞いた生徒は，なるほどと実感し，腑に落ちるようであった。実験結果と音波の現象をどのように対応させて説明するかについても触れる。

1 水波の実験装置の製作

図Ⅵ−1が製作する雨どいを使った装置である。

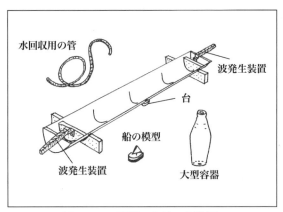

図Ⅵ−1　雨どいを使った装置

用意するもの　雨どい（長さ1.8 m），止り（2個，雨どいの両端をふさぐ器具），雨どい用の接着剤，金属製アングルA（2個，幅約1 cm），木製の板B（2枚），シール（2枚，約1 cm×1 cm），棒（2本，長さ約15 cm，幅約1 cm，厚さ約1 cm），木ネジ（8個），発砲スチロール，割り箸，厚紙（4 cm×4 cm），電動ドリル，糸ノコ，ポンチ，ハンマー，ドライバー，カッター，カッターマット

製作方法

（1）　図Ⅵ−2のように，雨どいの両端に止りを雨どい用の接着剤で接着する。

（2）　雨どいの中央の側面の両側にそれぞれシールを貼る。中央の目印を付ける。

（3）　図Ⅵ−2のように，木製の板B（2枚）を雨どいの断面の形に切り取り，装置の台にする。以上で水路の部分が完成する。切り取った残り2枚の端材Cは，波の発生装置に使う。

（4）　図Ⅵ−3のように，端材Cを使って波の発生装置を作る。そのため，2個のアングルAに，それぞれ4カ所に木ネジ用の穴を開ける。穴の開け方は，「付録3　金属に穴を開ける方法」に示してある。

（5）　図Ⅵ−3のように，（3）の端材Cと棒を，アングルAを使って木ネジで固定する。これを2組作る。これが波の発生装置になる。

（6）　図Ⅵ−2のように，発砲スチロール，割り箸，厚紙で模型の船を作る。船の幅は雨どいの幅の半分くらいにする。

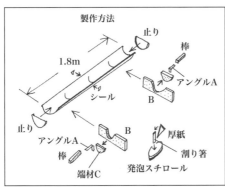

図Ⅵ-2　水波の実験装置の製作方法

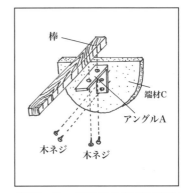

図Ⅵ-3　波の発生装置の製作

2　波動の導入実験

2-1　パルス波（山の波）を発生させる方法

　図Ⅵ-4は，パルス波（山の波）を発生させる装置である（この写真では，柄の部分が樹脂になっているが，装置の製作で紹介した木製の柄の方が，入手が簡単で製作も容易である）。

　波を発生する方法は，図Ⅵ-5のように，雨どいの端に半円形の板の部分を沈め，柄（棒）の部分を雨どいの長さの方向に向かって押し出す。一つだけのパルス波を発生させるには，コツがある。板の移動範囲を大きくしないこと，押すだけにすることである。

図Ⅵ-4　波の発生装置

　波を発生させる装置を押す距離や押す速さにより生じる波の大きさが異なる。実験の前に練習をして，波の大きさを制御できるようにする。図Ⅵ-6は，波を発生する練習をしているところである。

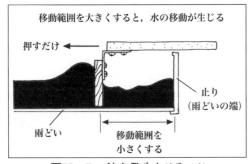

図Ⅵ-5　波を発生させるコツ

図Ⅵ-6　発生させた波

2-2 水波の実験

用意するもの　作成した雨どいの装置，大型の容器（2 L 以上），水回収用管（長さ約 1 m），模型の船，雨どいの中央の隙間に挿入する小物，雑巾（数枚，雨どいから溢れた水を拭き取る）

事前に行っておくこと　雨どいに水を入れる。水は約 4 L 必要なので，大容量の容器があると便利である。

　雨どいの中央が水の重さでたわまないように，雨どいの中央の底と机の隙間に薄く切った消しゴムなどの小物を差し込む。

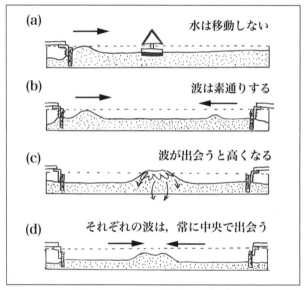

図Ⅵ-7　雨どいを使った実験

実験は，図Ⅵ-7の（a）〜（d）の順に行う。

（a）水面に模型の船を浮かべる。波が通り過ぎたとき，模型の船はどのような運動をするか？

実験方法
- （1）　模型の船を雨どいの中央付近に浮かべ，静止させる。
- （2）　雨どいの一端から一つのパルス波（山の波）を発生させる。パルス波が他端に向かって伝わっていく。模型の船はどのような運動をするか？

136

　模型の船は，ほぼ同じ場所で揺れているだけで，パルス波とともに移動することはない。この結果より，水（媒質）は移動しないことがわかる。

　模型の船が波とともに移動しないことに多くの生徒たちは驚く。生徒の予想と異なる結果になったためだ。生徒の素朴概念と異なる結果になったときは，生徒が腑に落ちるような説明をすると結果の定着がさらに良くなる。例えば，次のような例で説明する。生徒は，空気中の音速を約 340 m/s と知っている。そこで，「大きな声を出しても突風は吹かないよね」と話すと，生徒は，それはそうだ，とうなずく。このように，生徒が日常体験している現象を引き合いに出すと説得力が増す。

（b）　雨どいの両端から大小のパルス波をそれぞれ一つずつ発生させる。出会った後の二つのパルス波は，それぞれどのような振る舞いをするか？

実験方法

　合図と同時に，雨どいの両端から大小のパルス波を一つずつ発生させる。二つのパルス波は，雨どいの中央付近で出会う。出会った後のパルス波の振る舞いはどうなるか？

実験結果

　二つの波は，素通りしたかのように進む。この結果から，衝突した後は，二つのパルス波は影響がなかったかのように進むことがわかる。

　この結果にも生徒たちは驚く。どうも波の性質は，生徒の素朴概念と異なるようだ。ここでも，生徒が腑に落ちるような日常の波の現象を例に説明したい。

図Ⅵ-8　実験風景

　再び，音波で説明する。「二人が向きあって同時に話すとき，互いに相手の声が聞こえるよね」と言うと，生徒たちは即座に納得する。

（c） 二つのパルス波が出会った瞬間は，どのような振る舞いをするか？

実験方法

　合図と同時に，雨どいの両端から大きなパルス波を一つずつ発生させる。二つのパルス波は，雨どいの中央付近で出会う。出会った瞬間のパルス波の振る舞いはどうなるか？

実験結果

　図Ⅵ－9のように，パルス波が出会った場所で，雨どいから大量の水が溢れ出る。二つのパルス波が出会うと波の高さが高くなる。

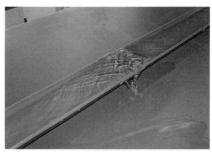

図Ⅵ－9
二つの大きな波が出会ったとき

　出会ったときの波の高さは，二つの波の高さの和になる（重ね合わせの原理）ことを天下り的に教える。これは，波の性質の中でも，最も重要であることを強調する。

　生徒は，雨どいから大量の水が溢れ出ることに驚く。

（d） 波を発生させる装置をいろいろな動かし方で，両端からパルス波を同時に発生させる。波の伝わる速さに違いが生じるか？

　もし，速さが等しいならば，雨どいの中央で出会う。これを利用して，どちらの波が速いか，あるいは，等しいかを観察できる。

実験方法

（1） 波を発生させる装置を動かす速さを変えたり，移動距離を変えたりして，雨どいの両端から一つずつパルス波を同時に発生させる。

（2） 二つのパルス波が出会う場所を観察する。雨どいの中央のシールの位置を目印に出会う場所に注目する。

実験結果

　どの場合も，二つのパルス波は雨どいのほぼ中央で出会う。

　波を発生させる装置がどのような運動をしていようとも，一旦発生した波の伝わる速さは常に等しいとわかる。

　この結果にも，生徒は，ため息をつくことが多い。

再び，生徒の日常の体験と結びつく音波の現象で説明する。「もし，楽器から出る音の伝わる速さが，楽器の弾き方，強弱で異なるとしたら，コンサートを聴きに行ったとき音楽はどのように聞こえるだろうか」と問うた瞬間に，納得する。

　水波で観察した結果は，波に共通の性質であることを強調する。

水の回収

　水の回収は，図Ⅵ－10のように，サイホンの原理で行うと容易に水を回収することができる。水を回収する容器は大きいものを使う。4Lを超える容量があれば，1回で回収できる。

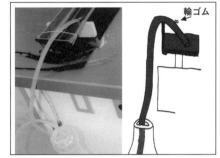

図Ⅵ－10　水の回収

　冒頭で述べたように，この教材は，波動現象を触覚によって観察することが初めて可能になったもので，視覚に障害のある生徒たちが波動の現象を理解するためのブレークスルーとなった。触覚による水波の観察方法は，図Ⅵ－7（a）は図Ⅵ－11のように模型の船を両手で抱え込む。（b）～（d）は，図Ⅵ－12のように指先を水面に軽く触れる。触覚によっても，波が通過する瞬間と波の大きさがわかる。

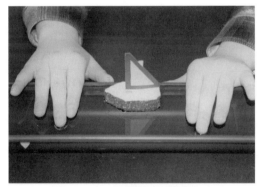

図Ⅵ－11　船の動きを観察する

図Ⅵ－12　波を観察する

参考文献

[1] 石崎喜治「ドップラー効果を本当に理解しているのだろうか」，物理教育研究会『物理教育通信』93号，1998年，p10.

[2] 石﨑喜治「雨どいを使った波動の導入実験」，東レ科学振興会『平成10年度（第30回）東レ理科教育賞受賞作品集』1999年，p11.

[3] 石﨑喜治「雨どいを使った水波の実験」，日本物理教育学会『物理教育』第47巻 第6号，1999年，p330.

マイクロ波 [1] [2] [3] [4]

　市販のマイクロ波の実験器具を使う。教材用のマイクロ波の波長は，数 cm 程度である。これが，教育的効果のある実験を可能にする。

　干渉現象は経路差が波長程度のときに顕著に現れる。波長が数 cm のマイクロ波なら，複スリットの間隔を数 cm にしても干渉現象が現れる。この実験は，基本的な教材である。

　購入したマイクロ波の教材には，スリットは付属しておらず，その代わりに幅の異なる金属板が付属している。これらの金属板を組み合わせてスリットのように使用する。そのため取り扱いは厄介である。そこで金属板を長方形に切り抜いたスリットと全く同じ役割をするスリットを工夫した。10 分くらいで簡単に作ることができる。その製作方法も **2-1** で紹介する。

　マイクロ波の器具で調べられる主な現象は，
　1. 透過・反射
　2. 回折・干渉
　3. 偏光
　4. 波長の測定
　5. 屈折・全反射
　6. ブラッグの法則の模擬実験
である。紹介する実験は，屈折・全反射を除く五種類である。

　市販のマイクロ波の実験器具は高価だが，購入する価値は十分ある。

　マイクロ波の実験器具の主要部分は，送信機と受信機である。筆者が使っていた送信機と受信機は，図VII－1のように，通常よりやや大型である。主な付属品は，図VII－2のように，アルミニウム板2枚，アルミニウムのアングル（これらを，間隔を置いてスリットにする），金属すだれ，アンテナ，パラフィン製の三角柱（マイクロ波用のプリズム），模擬結晶である。

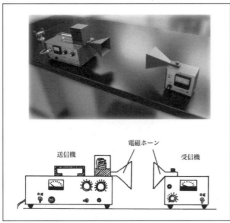

図Ⅶ-1　送信機と受信機

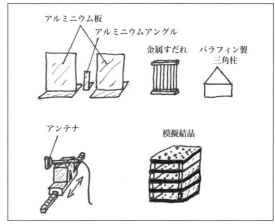

図Ⅶ-2　主な付属品

1　透過と反射

用意するもの　送信機, 受信機, アルミニウム板 (1枚, 付属品), アルミホイル (厚紙の枠に貼る), 金属の網, 木製の板, 電子レンジの扉 (横開きの電子レンジの扉を開いた状態で使ってもよい)

1-1　透過の実験

実験方法

（1）　送信機と受信機の電磁ホーンを向き合うようにして, 約40 cm 離して置き, 送信機と受信機のスイッチを ON にする。

（2）　送信機と受信機の電磁ホーンの間に, アルミニウム板の面が電磁ホーンを向くように置き, 透過するかを調べる。

（3）　アルミホイル, 金属の網, 木製の板, および, 電子レンジの扉についても同様に調べる。

実験結果

透過するもの　　木製の板

透過しないもの　アルミニウム板, アルミホイル, 金属の網, 電子レンジの扉

　雨どいを使った水波の実験で, 実験結果と日常の体験とを関連させて話したように, ここでも, 実験結果と日常の体験とを関連させて生徒に話すと良い。

　例えば, Wi-Fi による通信である。Wi-Fi には, マイクロ波が使われている。木造家屋内では, どの部屋にいても Wi-Fi が使え, インターネットに接続できる。この体験は, 透過の実験から理解できる。すなわち, 木はマイクロ波に対して, ほぼ透明だからだ。

また，マイクロ波で温める電子レンジも，扉からマイクロ波が外に飛び出してきそうだが，出てこないことも透過の実験から理解できる。電子レンジの扉がマイクロ波を透過しないのは，扉に金属の網が貼り付けてあるからだ。

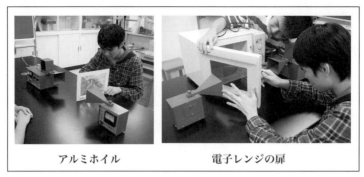

アルミホイル　　　　　　電子レンジの扉

図Ⅶ-3　透過の実験

1-2　反射の実験

実験方法

（1）　図Ⅶ-4のように，送信機と受信機をそれぞれの電磁ホーンが同じ地点を向くように置く。送信機と受信機のスイッチを ON にする。

（2）　図Ⅶ-4のように，それぞれの電磁ホーンが向く地点にアルミニウム板を置き，送信器のマイクロ波が受信機の電磁ホーンの方向へ反射するように，アルミニウム板の面を向ける。

（3）　マイクロ波がアルミニウム板に反射することを確認する。

（4）　アルミホイル，金属の網，木製の板，および電子レンジの扉についても反射するかを調べる。

実験結果

反射するもの　　　アルミニウム板，アルミホイル，金属の網，電子レンジの扉
反射しないもの　　木製の板（板が厚くなると反射するマイクロ波の強度が強くなる）

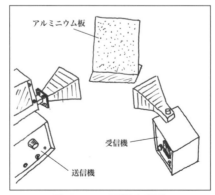

図Ⅶ-4　反射の実験

2　回折と干渉

2-1　操作性を高める器具の製作

　操作性を高め，現象の観察に集中できる器具を二つ製作する。図Ⅶ－5のようなスリットと図Ⅶ－6のような干渉実験に使用する器具である。

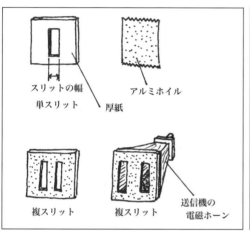

図Ⅶ－5　スリット

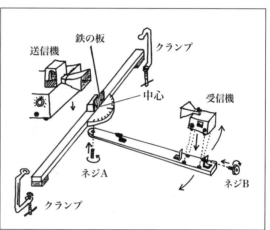

図Ⅶ－6　干渉実験を容易にする器具

2-1-1　スリットの製作

用意するもの　厚紙（スチレンボードなど），アルミホイル，木工用ボンド，カッター，カッターマット，ものさし

製作方法

（1）　厚紙を，送信機の電磁ホーンの口の断面より大きいサイズに切り取る。これを3枚作る。

（2）　3枚のうち，1枚は単スリットを，2枚は間隔が異なる複スリットを作る。スリットの幅は回折の効果が顕著になる約30 mm，複スリットの間隔は，図Ⅶ－5のように電磁ホーンに二つのスリットが収まるように決める。

（3）　スリットにした3枚の厚紙に木工用ボンドを塗ってアルミホイルを貼る。

　マイクロ波は，アルミホイルに対して不透明（透過しない）ので，このようにして簡単にスリットを作ることができる。スリットの幅は，マイクロ波の波長程度にすると，回折の効果が顕著になる[5]。

143

2-1-2 干渉実験に使用する器具

使用する器具によりサイズ等が異なるので，基本的なアイデアのみ示す。

図Ⅶ－6のように，送信機の電磁ホーンを中心にして，円周上をほぼ180°の範囲を受信機が動くように工夫する。さらに，送信機の電磁ホーンの前面にスリットを固定できるように，器具の中心に鉄の板を取り付ける。このようにすると，マグネット付きクリップでスリットを固定することができる。

2-2　回折と干渉

用意するもの　送信機，受信機，単スリット，複スリット（2枚，スリットの間隔が異なるもの），
図Ⅶ-6の器具，マグネット付きクリップ，クランプ（2個）

実験方法

（1）　図Ⅶ-6の器具を，図Ⅶ-7のように，クランプで実験机に固定する。

（2）　図Ⅶ-8のように，受信機を，図Ⅶ-6の器具にネジでしっかり固定する。

（3）　図Ⅶ-9のように，送信機と受信機のそれぞれの電磁ホーンが向かい合うように配置する。

（4）　送信機と受信機のスイッチを ON にする。受信機を，ゆっくり円周上を移動させながらマイクロ波を受信する。受信する範囲を，図Ⅶ-10のように，器具に取り付けた分度器の目盛りで測定する。図Ⅶ-11 は実験の様子で，図の○印は，送信機の電磁ホーンの前にスリットがないことを強調するために示してある。

（5）　図Ⅶ-12 は手作りの単スリットである。このスリットを図Ⅶ-13のように，送信機の電磁ホーンの前にある鉄の板にマグネット付きクリップで固定する。

（6）　図Ⅶ-14のように，受信機でマイクロ波を受信する範囲を測定する。図の○印は，単スリットを固定してあることを強調するために示してある。図Ⅶ-15のように，スリットがあると回折する。

（7）　単スリットを複スリットの間隔が狭いものに代えて，図Ⅶ-16のように受信する範囲を測定する。

（8）　スリットの間隔が広い複スリットに代えて，同様に測定する。

図Ⅶ-7　クランプで固定する

図Ⅶ-8　受信機の固定

図Ⅶ－9　装置の配置

図Ⅶ－10　分度器の目盛り

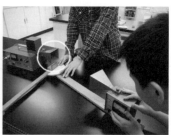

図Ⅶ－11　スリットがないとき

図Ⅶ－12　手作りの単スリット

図Ⅶ－13　スリットを固定する

図Ⅶ－14　単スリットの実験

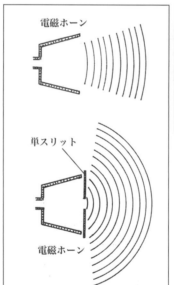

図Ⅶ－15　単スリットと回折

図Ⅶ－16　複スリットの実験

実験結果

スリットがないとき　　送信機の電磁ホーンの正面（0°）付近のみで受信する。

単スリットのとき　　　左右80°くらいまで受信する。正面付近が最も強く，角度が
　　　　　　　　　　　大きくなるにつれて弱くなる。

| 間隔の狭い複スリット | 正面で最も強度が強く受信する。左右にも強度が強いところとほとんど受信しないところが交互に現れる。 |
| 間隔が広い複スリット | 間隔が狭いときと同様に正面で最も強度が強く受信し，左右にも強度が強いところとほとんど受信しないところが交互に現れる。しかも，狭いときと比べ頻繁に現れる。間隔の狭い複スリットと比べて強弱が生じる角度が小さくなる。 |

　この現象は，重ね合わせの原理で説明できる。重ね合わせの原理は，雨どいを使った水波の実験でわかったことだった。このように，雨どいの実験結果は，一般の波についてもいえる性質である。図Ⅶ－17のように，複スリットから受信機に達するマイクロ波の二つの経路 AP と BP の差がマイクロ波の波長の整数倍のときに強くなり，半整数倍のときに弱くなる。

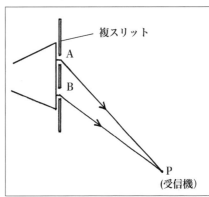

図Ⅶ－17　複スリットと干渉

3 偏光

用意するもの 送信機，受信機，金属すだれ

実験方法

(1) 送信機と受信機の電磁ホーンを向き合うようにして，約40cm離して置き，送信機と受信機のスイッチをONにする。

(2) 送信機と受信機の電磁ホーンの間に，金属すだれの面が電磁ホーンを向くように置く。図Ⅶ－18のように，金属すだれの面内で金属すだれを回転させ，すだれの棒の部分を水平にしたり，鉛直にしたりして，マイクロ波の透過を調べる。

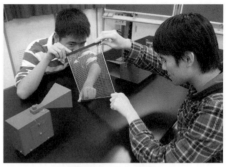

図Ⅶ－18　偏光

実験結果

すだれが鉛直のとき　透過しない。
すだれが水平のとき　透過する。

使用した装置のマイクロ波は鉛直方向に偏光している。偏光しているのでマイクロ波は横波である。図Ⅶ－19は，このようなマイクロ波の電場のみを示している。ただし，図の（a）では，反射波を描いていない。

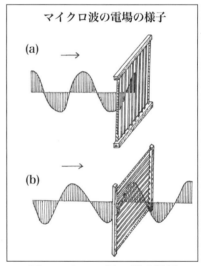

図Ⅶ－19　マイクロ波の様子

4　波長の測定

　定在波（定常波）を生じさせ，隣り合う腹，あるいは，隣り合う節の距離を測定して波長を求める。

4-1　アンテナの台座の製作

用意するもの　アンテナ用のレール等実験器具に付属する部品，木製の板，滑り止めのゴム板，ものさし，木工用ボンド

製作方法

（1）　木製の板の底面に，滑り止めのゴムは貼る。アンテナの台が動かないようにする。

（2）　図Ⅶ－20のように，ものさしとアンテナ用のレール（木製）を木製の板に木工用ボンドで接着する。

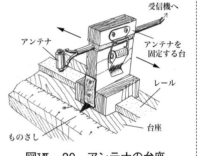

図Ⅶ－20　アンテナの台座

4-2　マイクロ波の波長の測定

用意するもの　送信機，受信機，アンテナ，製作したアンテナの台座，実験器具に付属するアンテナを固定する台，アルミニウム板

実験方法

（1）　送信機の電磁ホーンとアルミニウム板の面が向き合うようにして，約40 cm離して送信機とアルミニウム板を置く。

（2）　図Ⅶ－21のように，送信機とアルミニウム板の間に，送信機からアルミニウム板に向かう方向とアンテナの台座のレールの方向が平行になるように台座を置く。

（3）　アンテナを付属の台に固定し，この台を台座のレールに載せる。

　　＊アンテナの受信部分は先端の円柱部分である。円柱の軸とマイクロ波の振動する電場の向きが平行なときに最も受信感度が良い。この送信機の電場の振動する方向は鉛直方向なので，図Ⅶ－22のように，アンテナの円柱部分の軸を鉛直方向にする。

（4）　アンテナの端子を受信機に接続する。

（5）　送信機と受信機のスイッチを ON にする。

（6）　図Ⅶ－ 21 のように，アンテナをレールに沿って移動させ，強く受信する（受信機の音が大きくなる）位置を探す。

（7）　最初に大きな音が鳴る位置を 0 回目として，10 回目に大きな音が鳴る位置までアンテナを移動する。図Ⅶ－ 22 のように，台座に固定してあるものさしでアンテナを移動させた距離を測定する。この距離を L とする。

（8）　測定結果より，波長を求める。

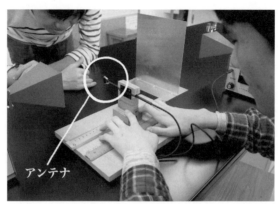

図Ⅶ－ 21　波長の測定

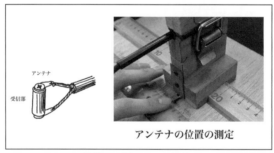

アンテナの位置の測定

図Ⅶ－ 22　アンテナ

送信機の電磁ホーンとアルミニウム板の間にマイクロ波の定在波が生じる。受信機から大きな音が鳴っているときのアンテナの位置が，定在波の腹になる。隣りあう腹の距離が 1 ／ 2 波長になるので，波長 λ は，

$$\lambda = 2\,\frac{L}{10} = \frac{L}{5}$$

となる。

測定結果　　L = 16.0 cm

λ = 3.20 cm

5　ブラッグの法則の模擬実験

　ブラッグの法則は，ブラッグの父子によって発見された。1912年のことである。この手法を用いて，1915年までに9種類の結晶の構造を解明した[6]。このように，ブラッグの法則は，結晶の構造を解析する強力な手法となった。ブラッグ父子はケンブリッジにある当時最先端のキャベンディッシュ研究所で研究を行っていた。筆者が1988年，博物館になっているキャベンディッシュ研究所を訪れたとき，彼らが解明し，当時製作された結晶構造の模型がおびただしい数展示されてあった。有名なDNAの二重らせん構造の解明にもこの手法を用いたのである。

　結晶にX線を入射させると，結晶の原子に当たったX線は四方に散乱する。散乱したX線のうち，入射の角度と等しい角度で出てくるX線のみの強度を調べる。入射の角度を変え続けて，X線を観測すると，強くなったり弱くなったりする。この現象はX線が，図Ⅶ−23のように，経路の異なるX線の干渉によって生じる。強度が強くなる条件がブラッグの法則である。この法則により，結晶面の間隔（原子の間隔）を求めることができる。ただし，ブラッグ反射の角度は，反射のときの入射角と反射角の定義と異なるので注意する。

　経路の異なるX線の経路差が，X線の波長 λ の自然数（$m = 1, 2, \cdots$）倍に等しいとき，X線の強度が強くなる。

　結晶面の間隔を d，入射の角度を θ とすると，ブラッグの法則は，

　$2\,d\,\sin\,\theta = m\,\lambda$　（$m = 1, 2, \cdots$）

と表される。

　この現象は，X線の波長 λ が，$\lambda \leq 2\,d$ を満たす領域で起こる。

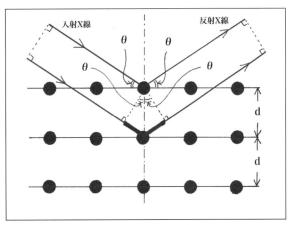

図Ⅶ−23　ブラッグ反射

5-1 操作性を高め，観察に集中する器具の製作

　使用する器具によりサイズ等が異なるので，基本的なアイデアのみ示す。図Ⅶ－24（b）のように，模擬結晶の側面に対する入射の角，反射の角を独立に設定することができるようにする工夫がこの器具のポイントである。今回の実験で使用する送信機は，大型のため，図Ⅶ－24（a），（b）のように，送信機を固定し，模擬結晶と受信機を回転するようにした。この方法でも入射の角度と反射の角度が測定できる。

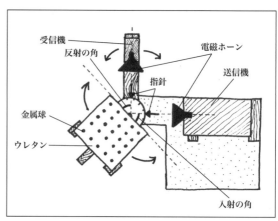

図Ⅶ－24（b）
ブラッグ反射の模擬実験の装置

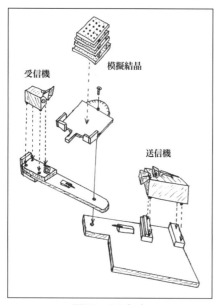

図Ⅶ－24（a）
ブラッグ反射の模擬実験の装置

5-2 ブラッグの法則の模擬実験

用意するもの　製作した器具 (図Ⅶ-24 (b), 図には, 送信機, 受信機, 模擬結晶も描いてある), 送信機, 受信機, 模擬結晶 (付属品)

実験方法

(1)　模擬結晶を組み立てる。

(2)　送信機, 受信機, 模擬結晶を製作した器具に載せる。

(3)　図Ⅶ-25 のように, 入射と反射の各角度の指針が素早く等しくできるように, 模擬結晶と受信機の位置を調節する練習をする。

(4)　まず, 入射の角度, 反射の角度を共に 5°にする。

(5)　少しずつ角度を大きくしていき, 受信機の音が最初に大きくなる角度を探す。

(6)　受信機の音が最初に大きくなったときの角度を, 図Ⅶ-26 のように測定する。

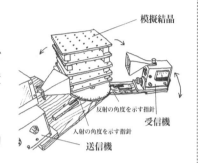

模擬結晶

反射の角度を示す指針

受信機

入射の角度を示す指針

送信機

**図Ⅶ-25
ブラッグ反射の模擬実験**

　ブラッグの法則の模擬実験の様子が, 図Ⅶ-27 である。使用した模擬結晶は板状のウレタンに金属球が規則正しく埋め込まれてある。ウレタンはマイクロ波に対して透明なので, マイクロ波は金属球のみで散乱する。つまり, 金属球が結晶の単原子に相当する。

　受信機の音が最初に大きくなる角度のとき, ブラッグの法則のmの値は 1 になる。

図Ⅶ-26　角度を測る

図Ⅶ-27　実験の様子

測定結果

　マイクロ波の波長は，$\lambda = 3.2$ cm，測定した角度をθ_1とすると，ブラッグの法則は

　$2d \sin \theta_1 = 1 \times 3.2$ cm

となる。測定値は，$\theta_1 = 24°$であった。三角関数表から$\sin \theta_1 \simeq 0.4$となる。これより，$d \simeq 4$ cmとなる。

　実際の金属球の間隔は5 cmである。違いが生じる原因は、図Ⅶ－28のように，マイクロ波が平行に進まないからである。そのため，この実験は，ブラッグの法則のX線が平行に進むという前提条件が成り立たない。生徒にはあえて話さないが，気づいた生徒がいたらおおいに褒めたい。

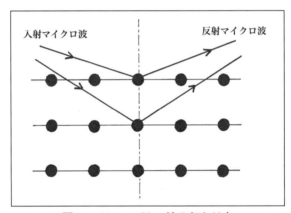

図Ⅶ－28　マイクロ波の伝わり方

参考文献等

[1] 石崎喜治「マイクロ波の実験Ⅰ」，ジアース教育新社『視覚障害教育ブックレット』Vol.30，2016年，p44.
[2] 石崎喜治「マイクロ波の実験Ⅱ」，ジアース教育新社『視覚障害教育ブックレット』Vol.31，2016年，p30.
[3] 兵頭俊夫監修，石崎喜治共著『見て体験して物理がわかる実験ガイド』学術図書出版社，2007年，p101.
[4] 霜田光一他著『波動の実験』講談社，1978年，p148.
[5] ファインマン著，富山小太郎訳『ファインマン物理学Ⅱ 光 熱 波動』岩波書店，1982年，p43.
[6] 米沢富美子他『人物でよむ物理法則の事典』朝倉書店，2015年，p302.

【波動】
VIII
二酸化炭素の気柱の共鳴

通常，気柱の共鳴実験は未知の音叉の振動数を決めるための実験であるが，この実験では，振動数が既知の音叉を使い，音速を求めるものに変えてある。また，空気の気柱の実験に加えて二酸化炭素の気柱の実験もする。1時間の授業内で二つの実験を続けて行うと気柱に生じる音波の波長の違いを実感できる。

ガラス管（共鳴管）内を二酸化炭素にするには，ガラス管の中の水に少量の発泡する入浴剤を入れて気柱内の空気を二酸化炭素に置き換える。二酸化炭素は，空気より重いのでガラス管内に二酸化炭素が充満する。しかし，拡散するので時間が経つとガラス管内から出ていき，空気が入ってくる。素早く実験するのがコツである。

1　音叉の叩き方[1]

音叉を純音で大きな音が鳴るように，音叉を叩く方法を説明する。右利きの人が音叉を叩くときを例に話すが，左利きの人は，文中の右と左を入れ換えて読まれたい。まず，左手の親指と人差し指で音叉の根元を挟むようにして共鳴箱を押さえつけ，残りの指を共鳴箱の側面に触れて共鳴箱をしっかり固定する。次に，右手で音叉用の叩き棒を持ち，図VIII－1のように，その先端を音叉の根元から上端へ向かうように，円弧を描くように音叉を叩く。音叉を叩く位置は，先端から音叉の長さの1/3くらいのところである。

正しい音叉の叩き方をしないと，倍音も鳴ることがある。

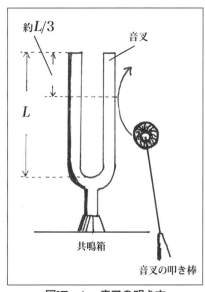

図VIII－1　音叉の叩き方

2 空気の気柱の共鳴と二酸化炭素の気柱の共鳴

用意するもの（2、3共通） 気柱共鳴装置，音叉（振動数が 400 Hz 以上のもの），音叉の叩き棒，カップ（1 L 以上のもの），付箋（色が異なるもの2種類），発泡する入浴剤（バブなど），線香，マッチ，燃えさし入れ

使用する音叉の振動数が 400 Hz 以下のとき，音波の波長が長くなりガラス管内に第二の共鳴点が生じないことがある。

付箋は，空気の実験と二酸化炭素の実験で色を使い分ける。

入浴剤は，水の着色と二酸化炭素を発生させるために使う。

2−1 空気の気柱の共鳴

実験方法

(1) 気柱共鳴装置を組み立てる。

(2) 室温を測定する。

(3) 水を入れたカップに入浴剤の約 1/5 片を入れて水に色をつける。

(4) 気柱共鳴装置の水だめにカップの水を入れる。

(5) 水だめの位置を高くして気柱共鳴管内の水面を開口付近にする。

(6) 音叉を叩く。音叉の音を直接聞いて，小さな音ならもう一度叩く。

(7) 音叉の振動する部分を管口に近づける。このとき，振動している音叉を管口に触れないようにする。触れるとガラス管の開口部分が破損する恐れがある。

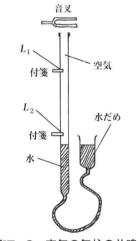

図Ⅷ−2　空気の気柱の共鳴

(8) 音叉を管口付近に保持したまま，水だめを少しずつ下げて，共鳴管内の水面の高さを低くする。

(9) 音叉の音が最初に大きくなる水面の位置，第一共鳴点 (L_1) を探す。

(10) 音が最も大きくなる水面の位置が決まったら，このときの水面の位置 (L_1) に付箋を貼って目印にする。

(11) 再び音叉を叩き，振動する部分を管口に近づける。

(12) 次の共鳴点，第二共鳴点 (L_2) を探すために，さらに水だめを少しずつ下げて，共鳴管内の水面を低くする。第二の共鳴点の音は，第一共鳴点の音よりも小さいので注意深く探す。

(13) 音が大きくなる水面の位置が決まったら，このときの水面の位置 (L_2) に第一共鳴点に貼った同じ色の付箋を貼って目印にする[2]。

(14) 図Ⅷ-2 のように，付箋を貼った位置の目盛りを読み取り L_1，L_2 を求める。

室温	25.7℃
音叉の振動数	$f = 440$ Hz
第一の共鳴点	$L_1 = 18.5$ cm
第二の共鳴点	$L_2 = 58.0$ cm
波長	$\lambda = 2(L_2 - L_1) = 79.0$ cm
空気中の音速	
実験値	$V = f\lambda$ より,
	$V = 440 \times 0.79 \approx 348$ m/s
理論値	$V = 331.5 + 0.6t$ [m/s] より,
	$V = 347$ m/s
開口端補正	$\delta = \dfrac{\lambda}{4} - L_1 = 1.25$ cm

2-2 二酸化炭素の気柱の共鳴

空気中の気柱の共鳴の実験の直後に行う。

実験方法

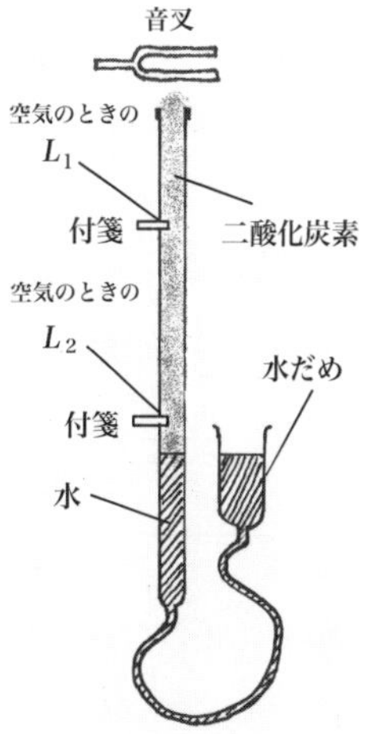

（1） 室温を測定する。

（2） 水面の高さを空気のときの第二共鳴点より低くしておく。

（3） 入浴剤の約 1/4 片を気柱共鳴管の中の水に入れる。

（4） 入浴剤が水に溶けきったら火を灯した線香を，気柱共鳴管の口から 3 cm ほど中に入れ火が消えるのを確認する（共鳴管内は二酸化炭素に置き換わる）。

（5） 図Ⅷ－3のように，第二共鳴点から測定を始める。

（6） 音叉を叩く。音叉の音を直接聞いて，小さな音ならもう一度たたく。

（7） 音叉の振動する部分を管口に近づける。このとき，振動している音叉を管口に触れないようにする。

（8） 水だめをゆっくり高くしていき，共鳴管内の水面を空気の第二共鳴点より高くしていく。二酸化炭素の第二共鳴点はわかりにくいので水面をゆっくり高くする。

（9） 音叉の音が最初に大きくなる水面の位置，第二共鳴点（ℓ_2）を探す。

（10） 音が大きくなる水面の位置が決まったら，このときの水面の位置（ℓ_2）に，空気のと

音叉

空気のときの
L_1

付箋

二酸化炭素

空気のときの
L_2

付箋

水だめ

水

**図Ⅷ－3
二酸化炭素の気柱の共鳴**

きと異なる色の付箋を貼って目印にする。

(11) 再び音叉を叩き，振動する部分を管口に近づける。

(12) 第一共鳴点 ℓ_1 の位置を探すために，水だめを少しずつ上げて水面を高くする。

(13) 音が大きくなる水面の位置が決まったら，このときの水面の位置（ℓ_1）に，第二共鳴点（ℓ_2）に貼った同じ色の付箋を貼って目印にする。

(14) 付箋を貼った位置の目盛りを読み取り ℓ_1，ℓ_2 を求める。

測定結果

室温	25.3 ℃
音叉の振動数	$f = 440$ Hz
第一の共鳴点	$\ell_1 = 16.0$ cm
第二の共鳴点	$\ell_2 = 48.1$ cm
波長	$\lambda = 2(\ell_2 - \ell_1) = 64.2$ cm
二酸化炭素中の音速	
実験値	$V = f\lambda$ より，
	$V = 440 \times 0.642 \approx 283$ m/s
理論値	$V = 258.9 + 0.5t$ m/s［補足1）を参照］より，
	$V = 272$ m/s
開口端補正	$\delta = \dfrac{\lambda}{4} - \ell_1 \approx 0.1$ cm［補足2）を参照］

［補足］

1）二酸化炭素中の音速

理想気体中の音速 V は，気体定数を R，絶対温度を T，定圧比熱と定積比熱の比を γ，分子量を M として，

$$V = \sqrt{\frac{\gamma RT}{M}} \ \text{m/s}$$

で与えられる。

よって，乾燥した二酸化炭素中の音速 V は，$\gamma = 1.30$ [3]，$M = 44 \times 10^{-3}$ kg，セルシウス温度を t として，

$V = 258.9 + 0.5t$ ［m/s］

が得られる。

気体の比熱比 γ は，主に気体中の音速を測定して求めている [3]。

2）二酸化炭素の気柱の共鳴の開口端補正

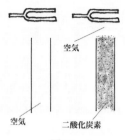

　二酸化炭素のときには，図Ⅷ－4のように，共鳴管の管口の付近に空気と二酸化炭素の境界が生じる。空気に対して二酸化炭素の相対屈折率は約 1.3 で，二酸化炭素内の音波はこの境界で反射しやすくなる。そのため開口端補正が小さくなる。

図Ⅷ－4
開口端補正の違い

参考文献等

[1] 戸田一郎氏（元富山第一高等学校）に教えていただいた。

[2] 長舩圭宏氏（駒場東邦中学校・高等学校）に教えていただいた。この工夫により，空気と二酸化炭素の第一共鳴点，第二共鳴点の位置の違いが容易に比較できる。

[3] 戸田盛和『熱・統計力学』岩波書店，1993 年，p82.

開口端での音の反射[1]

閉管（一方の端が閉じている管）だけでなく，開管（両端が開いている管）でも共鳴が生じる。この事実から，開管の開いている端（開口端）でも，送り込んだ音の一部が反射することがわかる。

開口端で反射した音を直接生徒に聞かせたいと思ったことが，この教材を開発した動機である。実験は簡単に行える。

その実験の様子が図IX－1である。雨どいのパイプを連結し，一方の端を二股にする。二股につないだ二つのパイプの一方の口の付近で手をたたくなどしてシャープな音を送り込む。送り込んだ音の一部は，回折して直接聞き手に届くが，一部はパイプの中を進み開口端へ伝わっていく。開口端に達した音の一部は反射して，聞き手に戻ってくる。パイプの長さを長くしていくと，反射音もだんだん遅れて聞こえる。

例えば，パイプの長さを6mにすれば，直接聞こえる音と反射音のずれは，0.04秒ほどである。パイプの長さを12mとすると，そのずれは0.08秒ほどになる。0.08秒ほどのずれがあれば直接の音と反射音を明確に聞き分けることができる。筆者が教えていた盲学校の生徒たちは，6mの長さでも聞き分けることができた。

1　パイプの製作

用意するもの　（すべて雨どいの部品）P型集水器（1個，二股の部品），回転エルボ（1個，連結部分を回転させる部品），たてとい（個数適宜，パイプ状の部品），たてつぎ手（個数適宜，接続する部品），雨どい用接着剤

製作方法
（1）　図IX－1のように，P型集水器の二股部分に雨どい用接着剤を使って，回転エルボを固定する。
（2）　P型集水器にたてつぎ手を使って，たてといをつないでいく。収納が容易になるように，この部分は，接着しない。

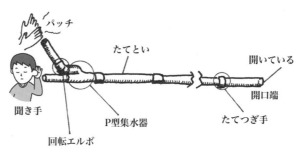

パッチ

たてとい

開いている

聞き手

開口端

P型集水器

たてつぎ手

回転エルボ

図IX−1　開口端での音の反射

2　開口端での音の反射の実験

用意するもの　図IX−1の器具

実験方法

（1）　雨どいのパイプ（たてとい）をたてつぎ手でつなぎ，長さを 10 m 以上にする。雨どいをつないだたてつぎ手の部分を生徒が支える。

（2）　聞き手の生徒が二股の一方のパイプに耳をつけ，音を聞く準備をする。

（3）　二股のもう一方のパイプの開口付近で，拍子木や手を叩くなどしてシャープな音を鳴らす。

実験結果

　手などで叩いた音が二股部分で回折して直接聞き手に伝わる音とわずかに遅れて音が聞こえる。

　遅れて聞こえた音が開口端で反射した音である。

　パイプの長さを 12 m としたとき，手を叩いた時から反射音が聞こえるまでの時間は，約 0.08 秒である。この時間は非常に短いように思うかもしれないが，意外とはっきりわかる時間差である。例えば，陸上競技の 100 m 走を思い出してほしい。0.08 秒の差は大きいとわかるはずである。反射した音が聞きづらいときは，パイプの長さを長くする。

参考文献

[1] 石﨑喜治「気柱の共鳴実験」，日本物理教育学会『物理教育』第 44 巻 第 1 号，1996 年，p63.

【波動】
X
音のレンズ

　1992年，サンフランシスコにあるエクスプロラトリアム（Exploratorium）を訪れた。ここは，展示されている作品全てが体験型の科学館である。しかも，すべてスタッフの手作りである。製作現場は，展示室の一角にあり，スタッフはガラス越しに来館者の反応を見て，展示品の改良を重ねるのだそうだ。

　波動の授業に役立ちそうな展示品があった。音のレンズである。図X－1がその装置である。人より大きな風船を挟んで二人が立ち，その一方の人がささやくと，もう一方の人がはっきりと聞き取ることができる。まるでささやく人が大きな風船の中に入っているような感覚だった。生徒たちにもこの体験をさせたいと思い，この教材を作った。

　巨大風船の中には二酸化炭素が入っている。二酸化炭素中の音速は空気中の音速より遅いから，巨大風船は音のレンズになる。

　市販の巨大な風船（イベント用大型気球）[1]を使って行うと，風船の中からはっきりと音が聞こえる。

図X－1　エクスプロラトリアムの音のレンズ

　大型気球に入れる二酸化炭素はドライアイスを水の中に入れて出てくるものを使う。ドライアイスは，扱っている店が至るところにあるので，容易に入手できる。巨大風船に二酸化炭素を効率よく入れるために，図X－2のような容器を作った。容器の中に水とドライアイスを入れると，ふたに取り付けたパイプから二酸化炭素が勢いよく出てくる。その容器の作り方から述べる。

1　二酸化炭素発生用容器の製作

用意するもの　　ポリエチレン製の広口瓶（2 L），塩化ビニルのパイプ（太さが異なる2本の水道管，細い方の内径は 20 mm　外径は 26 mm，太い方の内径は 26 mm　外径は 33 mm），電動ドリル，塩化ビニル用接着剤，ノコギリ

製作方法

（1）　ポリエチレンの容器のふたに，細い塩化ビニルパイプを差し込める大きさの穴を開ける。
（2）　細い方のパイプは長さ約 100 mm のもの1本，太い方のパイプは長さ約 25 mm のもの2本作る。
（3）　図X−3のように，ふたの穴に細いパイプを通した状態で，そのパイプの両端から太いパイプを通す。
（4）　細いパイプと太いパイプが接触する部分に塩化ビニル用の接着剤を塗り，パイプをふたに固定する。

図X−2　二酸化炭素発生用容器

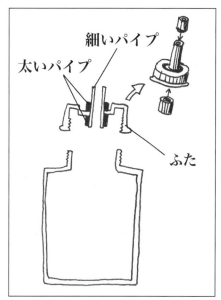

図X−3　容器の構造

2 音のレンズ

用意するもの イベント用大型気球[1]，製作した二酸化炭素発生用容器，ドライアイス（約500 g），木槌，軍手，布袋，大型カップ（1 L，2個），タコ糸，ハサミ

実験手順

（1） 軍手をした手で，布袋にドライアイスを入れる。
（2） 木槌で布袋を叩きドライアイスを砕く。細かく砕くと水とドライアイスの触れる面積が大きくなり，効率良く気体の二酸化炭素を発生させることができる。ただし，細かすぎると容器にドライアイスを入れにくくなる。
（3） 2個のカップに水（計約2 L）を入れる。
（4） 布袋の中のドライアイスのおよそ半分を容器の中に入れる。
（5） 容器の8割くらいまでカップの水を入れ，素早くふたをする。
（6） 図X−4のように，大型気球の口を二酸化炭素が噴き出しているパイプに素早くかぶせる。
（7） 大型気球の口の付近が折れ曲がらないように注意を払う。
（8） 途中で，ドライアイスを追加する。
（9） 大型気球が十分膨らんだら，気球の口の部分を折りタコ糸で結ぶ。
（10） 容器とドライアイスを実験の邪魔にならないところに置く。
（11） 実験机に大型気球を置く。大型の段ボールのふたを開け，その上などに置くと安定する。
（12） 大型気球を挟んで二人の生徒が立つ。一人が音源（音楽などを鳴らした状態のスマートフォンなど）を大型気球の中心に向ける。
（13） もう一人が，大型気球を通ってきた音を聞く。

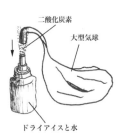

図X−4
気球に二酸化炭素を送り込む

図X−5
音のレンズの実験

実験結果

音源が大型気球の中にあるように聞こえる。気球が音のレンズになっていることを実感できる。

生徒は，今まで体験したことのない不思議な感覚になるようだ。

参考文献等
[1] イベント用大型気球：トーテックス株式会社

【波動】
XI
可視光の偏光

　偏光の実験は，通常，二枚の偏光フィルムを重ね一方のフィルムを同一面内で回転させ，二枚の偏光フィルムが重なった部分の光の明暗や色の変化を見て観察する。

　全盲の生徒がこの実験を行うときは，感光器（光の明暗を音の高低に変換する器具）[1]を使って光の明暗を調べる。そのため，全盲の生徒は感光器の操作と偏光フィルムの操作をしなければならず，この方法で観察をするのは困難である。そこで，二枚の偏光フィルムを透明容器の底とふたに貼り付けて一体として扱う工夫をした。その結果，全盲の生徒も扱いやすくなった。しかも準備の時間もほとんど必要なくなり，収納も簡単になった。透明容器に手で包める大きさのものを使えば，生徒の人数分の器具を少ないスペースに収めて置けるし，いつでもすぐ使える。

1　偏光の実験の器具の製作

用意するもの　ふた付き円形透明容器（ねじ口∪式スチロール 50 ml，人数分），直線偏光フィルム，接着剤

製作方法

（1）　直線偏光フィルムを容器の底の形とふたの形に切り取る。

（2）　切り取った直線偏光フィルムのそれぞれの一部分に接着剤を少し塗って，図XI−1のように，容器の内側の底とふたの内側に貼る。ともに内側に貼るのがポイントである。

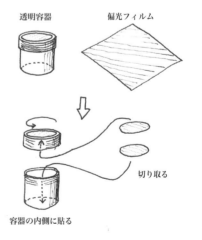

透明容器　　　　偏光フィルム

切り取る

容器の内側に貼る

図XI−1　偏光の実験の器具の製作

2　偏光の実験

用意するもの　製作した偏光実験の器具（あらかじめ，ふたをしておく）

実験方法

（1）　器具（容器）のふたを左手の親指と人差し指で，容器の本体を右手の親指と人差し指で
　　　　持つ（あるいは，右手と左手を逆にして持つ）。
（2）　ふたを通して容器の底を見る。
（3）　この状態で，ふたをゆっくり回す（あるいは，容器の本体をゆっくり回す）。
（4）　底の部分の明るさの変化を観察する。

実験結果

　図Ⅺ－2のように，ふたの部分を回すと，ふたを
通して見る底の部分が暗くなったり，明るくなった
りする。

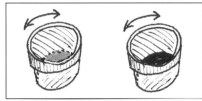

図Ⅺ－2　偏光

　直線偏光フィルムを通った光は
ある方向に偏光する。すなわち，
光（電磁波）の電場の振動方向が
ある方向に偏る。そのため，容器
の底に貼った偏光フィルムを通る
光の様子は，図Ⅺ－3のようにな
る。底に貼ってある偏光フィル

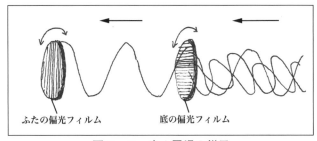

図Ⅺ－3　光の電場の様子

ムを通った光は偏光している。その光のうち一部は，容器の内部を通ってふたに達する。
ふたに達した光は，ふたの回転角度によってふたの偏光フィルムを通ったり，遮られた
りする。ふたから底を見ると，底の部分が明るくなったり暗くなったりする。
　暗くなったとき，あるいは，明るくなったときに底を固定し，ふただけを 90° 回転す
るごとに明るくなったり，暗くなったりする。この現象は，光が横波の証拠である。

参考文献等

[1] デジタル感光器：東京ヘレンケラー協会から販売されている。

付 録

付録1

電気回路の最初の授業

　筆者が勤務していた盲学校の中学部2年生の全盲クラス（6名）で行っていた電気回路の最初の授業を紹介する。

　全盲の生徒が初めて使う器具をその授業の中で扱い方を習得し，使いこなし，観察や実験を生徒が自分の力だけでやり終えるには，使いやすい器具の工夫はもちろんのこと，授業の進め方が重要になる。

　実験を行う前に器具の習熟，実験の内容の周知に十分な時間の確保が必要である。授業時間50分のうち，器具の使い方や実験の内容の説明に35分を当て，残り15分を，四つの回路を組み，記録をし，後片付けをする時間に当てる。準備の35分の使い方如何で，残り15分で生徒が主体的に実験をやり終えるかどうかが決まる。生徒が生き生きと実験に取り組むためには，準備の35分こそが教師の勝負の時間なのである。

1–1　35分の使い方

　授業のはじめに，「今日は，一人で四つの回路を組む」と生徒に伝え，他の人に頼ることができないことを自覚させる。

　次に，この授業で使うすべての器具のうち一つをそれぞれ生徒の前に置き，使い方を説明する。器具はどの生徒に対しても同じ向きに置く。生徒は，教師の説明に従って器具を操作する。教師は，可能な限り，言葉のみによる説明にし，手取り足取りの教え方は控える。このようにすると，生徒は教師の話を真剣に聞かざるを得なくなるので，授業に主体的に参加する。何しろ，言葉だけが頼りだから一言一言を聞き逃しができないのである。また，教師の手助けなく生徒自ら理解できると自信を持ち学習意欲も出てくる。扱い方を理解した器具は，生徒自ら横に置く。自分で置けば，どこに何の器具があるかを把握できる。すべての器具について同様に説明する。

　生徒に器具の説明をしているとき，教師には重要な役目がある。生徒それぞれの操作能力，言葉による指示を理解する能力を把握し，各生徒に回路を組ませるとき，どの生徒を重点的に補助しなければならないかを見極めることである。

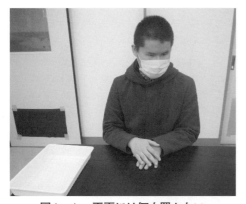

図1−1　正面には何も置かない

正面には説明をする器具だけを置く。一度に一つの器具を置く。

図1−2　電池ボックス

電池ボックスの構造を理解する。

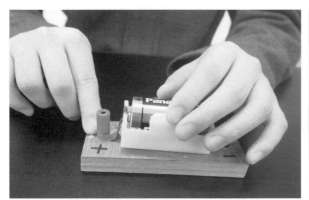

図1−3　ネジがある方がプラス極

プラスの印を確認する。

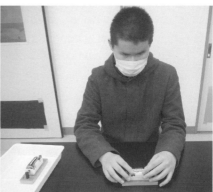

図1−4　もう一つの電池ボックス

二つ目の電池ボックスも生徒自らバットに入れる。

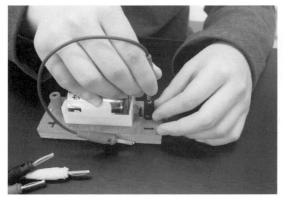

図1−5　バナナプラグの使い方

電池ボックスにバナナプラグを接続する方法を習得させる。

**図1−6　バナナプラグに別の
バナナプラグを差し込む**

バナナプラグに別のバナナプラグを接続する方法を習得させる。この方法を利用すると，一カ所に何本もバナナプラグを接続できることを理解させる。

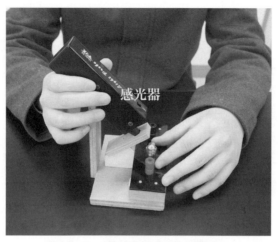

図1-7　感光器付きのまめ電球

感光器を使ってまめ電球の明るさを調べる方法を確認する。ブザーではなくまめ電球を使う理由は，まめ電球にかかる電圧が変化するとまめ電球の明るさが明らかに変化するからである。ブザーでは，電圧が変化しても，鳴る音の変化がよくわからない。

使用する器具と回路図の記号の対応

　器具の使い方を一通り確認したら，図1-8のように，回路図記号（生徒には触る図）を配布する。既に器具を確認しているので記号図から器具が具体的にイメージできる。図を配布するときは，「回路図記号の図を見る向きに渡すよ」と伝える。実際には触って調べるが，見るという言葉を普通に使う。図の向きを示すことは重要である。触る図は，図に文字がないと向きすらわからないことがある。つまり，手がかりがないと何の図かわからないことがしばしばあるから，図を見るための情報を伝えることは重要になる。

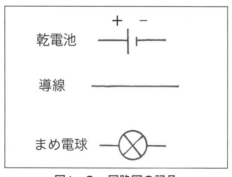

図1-8　回路図の記号

組み立てる四つの回路図

　組み立てる回路図を配布する。図1－9がその回路図である。ただし，触って確認する図は，一枚に一つの回路図だけを描く。計4枚の図を1枚ずつ配布する。配布するときは，回路図記号を配布したときと同じように向きに注意する。四つの回路図すべてを生徒に理解させて，35分を終える。

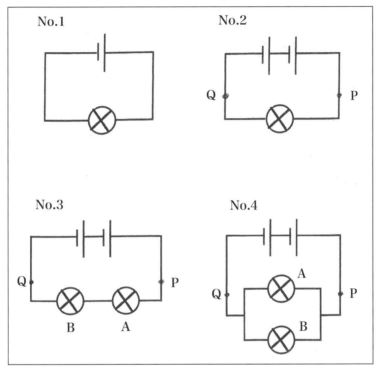

図1－9　四つの回路図

図1－10　回路図の確認

　15分を使って，各自のペースで四つの回路を組ませる。

　「四つの回路を組み，まめ電球の明るさがほぼ同じになるのはどの回路とどの回路か？」と課題を与える。どの回路から組みはじめても良い。回路は図の配置にしたがって組み，一つの回路が組めたら，「組めたと私に合図してください。私が回路を確認し，OK がでたら次の回路を組むように」と伝える。回路図の配置通りに組ませる理由は，生徒が回路図を正確に理解しているかがわかるからである。さらに，生徒のランダムな合図にも回路の配置が決まっていれば，教師は正しい回路か素早く把握でき，回路を組んで確認を待つ生徒の待ち時間も短くできる。 生徒が四つの回路を自分だけで組めると，達成感を感じることができる。この経験を重ねていくと，自己肯定感を育てることができる。

　授業の最後に，まめ電球の明るさは，No.1 と No.3，No.2 と No.4 がほぼ等しいと伝える。この段階では，解答のみを伝えることに留める。詳しい解説は，キルヒホッフの第一法則，第二法則の内容を学習した後に行う。キルヒホッフの法則を学習したタイミングで解説すると，なるほどと理解できる。ただし，キルヒホッフの名称は使わず，内容だけを学習する。

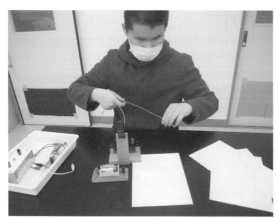

図1−11　回路を組む（a）
図を確認しながら自分のペースで回路を組む。

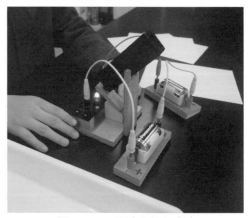

図1−12　回路を組む（b）
No.2 の回路を組み終わり，まめ電球の明るさを感光器で確認する。

付録2

真空ポンプの保管

　真空ポンプは大変重い。そのため，ポンプの移動は一苦労である。図2－1のように，真空ポンプを台車に載せておくと，手軽に使うことができる。手軽になると使う機会も増える。引き出しや棚がある台車を使うと，真空ポンプを使って実験する器具などの小物を一緒に収納することができて機能的である。

　図2－2のように，リモコン・コンセントを使うと真空ポンプの操作を一人で行うことができ，便利である。

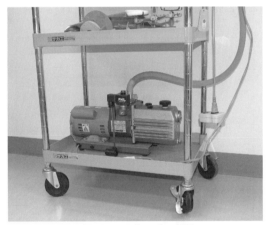

図2－1　ポンプの保管

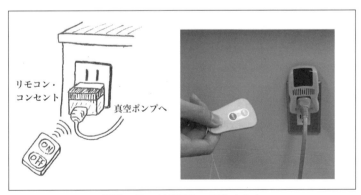

図2－2　リモコン・コンセント

金属に穴を開ける方法

　金属の特定位置に正確に穴を開けるためには，あらかじめ穴を開ける位置に凹みを作らなければならない。穴を開けたい位置に鉛筆などで印をつけ，その印に，図3−1のようにポンチの先端を当て，ポンチを金属の面に垂直にし，ハンマーでポンチの頭を軽く叩く。すると，小さい凹みができる。この凹みにドリルの先端を押しつけていくと，凹みを中心とする穴を開けられる。

　穴を開けたい金属が薄い板状のときは，金属の下に木の板を置く。金属が板状でないときや板状でも厚さのあるときは，万力などで金属をしっかり固定して穴を開ける。

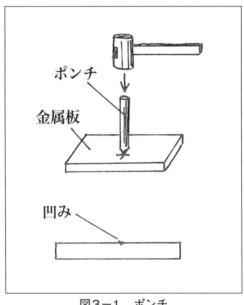

図3−1　ポンチ

付録4

ねじ切り工具
（タップダイスセット）の使い方

　タップダイスセットは，金属にネジを切る工具である。タップは，金属の円柱状の穴にネジを切る工具（ナットを作る工具），ダイスは，円柱状の金属棒にネジを切る工具（ボルトを作る工具）である。

　本書で扱う技術は，穴にネジを切るタップを使った方法だけなので，タップの使用方法のみを説明する。

　「付属3　金属に穴を開ける方法」により，金属に下穴を開ける。下穴というのは，通すネジの直径よりわずかに小さい穴で，下穴の直径は，通すネジの直径により異なり，表1のようになる。

　例えば，規格M5の数字5は，ネジ（ボルト）の直径をmmで示したもので，M5の直径は5.0 mmである。下穴の直径は表1から4.4 mmである。

　規格M5のネジ（ボルト）のネジを切る場合を説明する。事前に直径が4.4 mmの下穴を開けておく。

表1

ネジの規格	下穴の径
M5	4.4 mm
M6	5.2 mm
M8	7.0 mm
M10	8.7 mm

　図4－1（a）の工具にM5のタップを取り付ける。その方法は，Cの部分を図の向きに回すと，AとBの隙間が狭くなり，Cを反対向きに回すと，隙間が広がる。あらかじめタップが挿入できる隙間を作って，タップをその隙間に挿入し，Cを図の向きに回してタップをAとBの間にしっかり固定する。次に，図4－1（b）のように，タップを金属板の面と垂直を保ちながら，下穴にタップをCとDの取手を持ちながら押し込むように時計回りに回す。タップがネジを切りたい深さに達したら，CとDを反時計回りに回して，タップをネジ穴からはずす。Cを図4－1（a）と反対向きに回して，AとBの隙間を広げタップをはずす。これで作業が終わる。

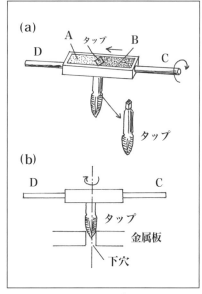

図4－1　ネジを切る

天井に支点を設置する方法

5-1 天井のコンクリートがむき出しになっている場合の設置方法

天井に支点を設置した状態が，図5-1である。

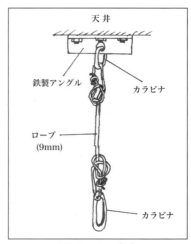

図5-1　支点

用意するもの　鉄製のアングル（図5-2，長さ約20 cm，厚さ3 mm以上），電動ドリル，ポンチ，ハンマー，登山用カラビナ（2個），登山用ロープ（太さ9 mm，長さ4 m），芯棒打ち込みアンカーボルト（3本）

設置手順

（1）　鉄製のアングルに，「付属3　金属に穴を開ける方法」に従って，図5-2のように，4カ所に穴を開ける。登山用カラビナ用の穴の直径は約2 cm，アンカーボルト用の三つの穴の直径は，アンカーボルトの直径に合わせる。

（2）　コンクリートの天井にアンカーボルトを差し込む穴を三カ所に開ける。穴の間隔は，アングルに開けた穴の間隔と等しくする。穴を開ける部分のコンクリートの内部に鉄筋などがないことを設計図で確認しておく。穴はコンクリートの面に垂直に開ける。アングルが天井の面に密着するために重要である。

（3）　アンカーボルトのナットを緩めておく。

（4）　アングルの穴とコンクリートの穴の位置を一致させて，アンカーボルトを差し込む。図5-3は，アングルの代わりに金属板Aを固定する場合を示してある。

（5）　アンカーボルトのナットを緩めた状態で，アンカーボルトの中心の心棒をハンマーで打ち込む。アンカーボルトがコンクリートに固定される。

（6）　三つのアンカーボルトのナットを締め付けて，アングルを天井に固定する。

（7）　アングルの穴に登山用カラビナを取り付ける。

（8）　そのカラビナに取り付けるロープの長さは，ロープの両端に輪がある状態で，カラビナからロープを吊り下げたときにロープの他端が床から約 2m 20cm くらいになるようにする。

（9）　ロープの両端に輪を作る。結び目は解けないように，図5－4のように結ぶ。念のため，さらにもう一回通常の結び方で結ぶ。図5－5はそのようにして結んだものである。

（10）　ロープの一方を登山用カラビナに掛け，そのカラビナを天井に固定したアングルの穴に掛ける。ロープの下端の結び目にも別のカラビナを掛ける。

（11）　余った部分のロープは切断する。切断面は，図5－6のように，加熱処理をして固定する。この処理をしないと切断面が解ける。図5－7が天井のアングルに取り付けるロープとカラビナである。

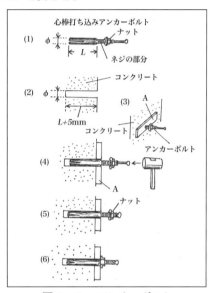

図5－3　アンカーボルト

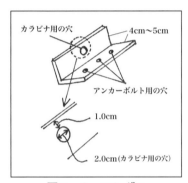

図5－2　アングル

図5－4　ブーリン結び

図5－5　さらに結ぶ

図5－6　ロープの末端処理

図5－7　ロープとカラビナ

天井のコンクリートがむき出しになっていない場合の設置方法

　天井が石膏ボードなどで覆われているときは，アングルを取り付ける部分の石膏ボードなどを取り除かなければならない。この場合は，防火上重要な注意点がある。石膏ボードなどを取り除いた部分のまわりを板で覆い，石膏ボードを取り除いた部分を覗いても，天井裏が見えないようにする。このようにすると，図５−８のように火災などの際に，熱風が天井裏に侵入せず，スプリンクラーが正常に作動する。この手当をしていないと，熱風が天井裏に侵入し，スプリンクラーが作動するまでに時間がかかってしまう。消防の検査の際には改善を求められる。図５−９がその手当てをしたものである。

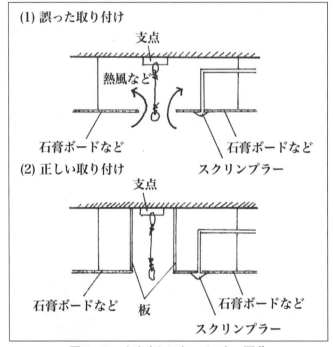

図５−８　むき出しになっていない天井

図５−９　ボードを取り除いた部分を板で覆う

謝　意

　本書を出版するにあたり，次の方々にご協力いただきました。感謝申し上げます。

　奥田一樹（いつき）君は，在籍中，電気回路の実験の写真撮影に協力していただきました。そのおかげで「付録1　電気回路の最初の授業」の内容をわかりやすくすることができました。私の後任の平野祐希子さんは，盲学校の物理室の使用を快諾してくださいました。実験データを収集したり，器具の写真の撮影をしたりと手助けもしていただきました。編集者の市川千秋さんは，執筆前からアイデアなど助言をいただきました。執筆し終わるまでに3年以上かかりましたが見守っていただきました。同じく編集者の西村聡子さんは，本書のレイアウト，構成の統一性など原稿から校正までのすべての面にあたってご面倒をおかけしましたが，粘り強く編集していただきました。改めて，みなさんに感謝申し上げます。

石﨑 喜治

著者略歴

石﨑 喜治（いしざき よしはる）

1954年（昭和29年）栃木県生まれ。1981年東京理科大学理学部第II部物理学科卒業。1983年東京都北区立桜田中学校教諭として赴任し，翌年より筑波大学附属盲学校教諭。東京大学教養学部附属教養教育開発機構客員助教授などを務め，2019年筑波大学附属視覚特別支援学校（校名変更）退職。

【主な受賞歴】

1998年度東レ理科教育賞「雨どいを使った波動の導入実験」（東レ科学振興会），1998年度佐藤賞「盲生徒のための物理指導法の考案と実践に対して」（視覚障害教育心理研究会），1999年度物理教育大塚賞「雨どいを使った波動の導入実験など一連の実践」（物理教育学会）。

【主な著書】

「高等学校 物理I」（15，三省堂，物I 005）共著，「見て体験して物理がわかる実験ガイド」（学術図書出版，東京大学教養学部附属教養教育開発機構編 監修 兵頭俊夫）共著など。

感じて理解する　視覚に障害のある生徒への教育実践

中学・高校物理の学びに役立つ実験集

令和4年8月2日　初版第1刷発行

著　　　作　　石﨑 喜治

発　行　者　　加藤 勝博

発　行　所　　株式会社ジアース教育新社
　　　　　　　〒101-0054 東京都千代田区神田錦町1-23 宗保第2ビル5F
　　　　　　　TEL 03-5282-7183 FAX 03-5282-7892
　　　　　　　E-mail : info@kyoikushinsha.co.jp
　　　　　　　URL : https://www.kyoikushinsha.co.jp/

本文デザイン・DTP　　土屋図形株式会社
表紙デザイン　　宇都宮政一
編集協力　　小村京子
印刷・製本　　株式会社三美印刷
Printed in Japan
ISBN978-4-86371-634-6